# 교사, 교육과정 중심에 서다

추광재·최민지·김은영

박영story

# 머리말

요즘 개혁의 바람이 교육계 전반에 불어오고 있다. 다분히 정책적인 정부의 의도와 사교육의 열풍과 고질화된 대학입시 문제에 몸살을 앓고 있는 학부모들의 한숨이 어우러져 그 바람의 세기가 점차 고조되고 있다. 그러나 교육개혁에 있어 그 대상이나 내용은 구분되고 한정될 필요가 있다. 교육개혁의 대상과 내용이 기존의 구태의연한 상부하달식의 수직적 구조, 관습, 정책 등으로는 적절할지 모르나, 교육의 근간을 이루는 교육의 목표, 내용, 방법, 아울러 교육의 실천가인 교사를 교육개혁의 대상으로 보는 것은 적절하지 않다. 오히려 개혁이라는 말보다 '개선'이나 '변화'라는 말로 대신하는 것이 타당해 보인다.

교육의 목표, 내용, 방법 등은 인류 역사만큼의 시간동안 각 시대·문화의 필요와 요구에 맞추어 그 효과성과 가치에 의해 당위성과 타당성을 검증받으면서 서서히 변화되어 온 것이다. 그 긴 시간동안 정제되고 다듬어진 교육목표와 내용 및 그에 따른 적합한 방법은 그만큼의 가치를 담고 있으며, 그 가치는 한순간에 버려질 만큼 하찮은 것이 아니다.

따라서 당장의 교육 상황에 적합하지 않다고 해서 버려질 성격의 것들이 아니기에 개선과 변화의 대상이지 개혁의 대상이 될 수 없다는 것이다.

그럼에도 교육에 조금이라도 관심을 갖고 있거나 교육과 직·간접적으로 관계가 있는 대부분의 사람들은 교육에 문제가 있다고 생각하고, 이를 해결할 수 있는 대안을 제시하는 과정에서 개혁, 혁신, 변혁 등의 용어를 서슴지 않고 사용한다. 어느 시대에서나 교육은 늘 문제를 안고 있었고, 그러한 문제를 해결하기 위하여 많은 이들의 노력이 있어왔다.

과거의 역사를 보더라도 급진적인 개혁이나 변화는 오히려 득보다는 실을 더 많이 안겨주었고, 이러한 갑작스런 변화가 교육 안의 사람들뿐만 아니라 그 주변 사람들에게까지 혼란을 가져다주는 사례가 많았다. 개혁이나 변혁을 주장하는 이들의 이면에는 포퓰리즘이나 정치적 요소, 개인 영달을 위한 요소들이 내재된 경우가 있었기 때문에, 이들이 내놓은 대부분의 해결 방안은 주로 장기적 차원, 본질적 차원에서 접근하기보다는 단기적 효과성, 처방식의 차원에서 이루어지는 경우가 많았다. 이는 본질적인 문제의 해결이 아닌 당장 발등에 불은 꺼야하는 현안문제나 여론에 의해 주도되는 현실 문제를 해결하는 데 급급했음을 보여주는 것이며, 그 결과 교사 및 교육과 연관된 이들은 교육의 본질과는 동떨어진 교육과정을 직면하게 되었다.

교육은 인간의 삶 그 자체이며, 교육을 통한 앎은 인간을 영원으로 안내하는 이정표이다. 이러한 교육이 요즘 정체성을 잃고 본연의 모습을 보이지 못하고 있는 경우가 종종 보인다. 여기에는 앞서 언급한 바와 같이, 교육이 안고 있는 恒常的 문제와 경제, 정치 등에 의한 상황적 문제들을 구별하지 못해 오히려 문제가 더 심화되거나 또 다른 문제를 안게 되는 안타까운 현실이 반복되고, 비현실적이고 비논리적인 제도 및 행정적 제안들로 인해 교육의 본질적 가치 성장 및 발전을 위한 합리적 대안이 제시되지 못하는 데서 기인한다.

이와 같은 상황에서 학부모 및 교육관계자 등 교육에 관심을 둔 많은 이들이 문제의 원인을 정치, 경제 등의 사회적 환경에 두는 것이 아니라, 학교 안의 교사들에게 교육 문제의 책임을 거의 떠맡기고 있는 실정이다. 학생의 낮은 성적, 사교육비의 과다 지출, 교육의 질 저하 등의 문제의 핵심에서 교사는 늘 지적의 대상이 되고 있으며, 교사의 전문성마저 의심받고 있다. 물론 교사에게 전혀 책임이 없다는 것은 아니다. 다만, 소수 교사의 비교육적 행위를 일반화시키는 과정은 교사에게 너무 많은 교육적 문제를 떠넘긴다.

이러한 현실은 교사의 교육에 대한 의지와 열정을 사그러지게 하는 근본적 원인이며, 교사의 교직에 대한 애정을 엷게 하여, 의도하지 않았지만 수업의 질을 떨어뜨리는 원인으로까지 번지게 한다. 더 나아가 교사에 대한 사회적 불신은 교사가 교육적 안목을 다양화하고 깊이 있게 고민하는 데 있어서도 부정적인 영향을 주기도 한다. 이를 극복하기 위한 교사의 노력이 더욱 절실히 요구되는 시기이다. 교사에 대한 부정적인 시각이 과연 타당한가, 정당한가를 따지기 이전에 우선 교사로서의 전문성 확보에 매진할 때이다. 언제나 교사에게 질 높은 교육과 더 나은 결과를 기대하는 우리 사회의 갈증을 해소하기 위해, 교사는 끊임없는 연구를 통해 교육의 목표, 내용, 방법 등을 올바르게 이해하고 전개해 나가야 한다. 이는 교육 현장의 일선을 책임지는 교사의 고유한 사명이다. 돌이 옥을 감추면 산이 아름답고 물이 진주를 품으면 강이 빛나 듯, 교사가 교사 본연의 학문적 책무를 다하면 전인 교육의 실효성을 제고할 수 있을 것이다.

교사의 전문성에 대한 고찰이라는 측면에서 교사가 무엇을 왜 가르쳐야 하는가에 대한 고민은 상당한 의미를 지닌다. 자신이 하는 일에 대한 전문성을 신장하는 데 있어, 교사로서의 신념과 철학을 형성하는 데 기본이 되는 질문이기 때문이다. 이 책의 내용이 교사들에게 스스로 이러한 질문을 하게 만드는 데 조금이나마 도움이 되길 바라며 더불어 교사에게 가르치는 일의 중요성을 다시금 일깨우는 계기가 되길 기대한다.

# 차례

## 제 1 부 교사, 교육과정의 출발점에 서다



## 제 2 부 교사, 교육과정의 첫걸음을 떼다

## 제 3 부 교사, 교육과정의 중심에 서다



## 제 4 부 교사, 되돌아보다(교육과정과 수업평가)

## 부 록 교육 단상

# PART 01

# 교사, 교육과정의 출발점에 서다

남을 가르치기 전에 자기를 알기 위해 노력하는 것이 누군가를 가르치기 전에 선행되어야 할 가장 기본적인 요인임을 잊지 않아야 할 것이다. 내가 나를 이해하지 못하고, 내가 가진 나의 문제들로부터 자유롭지 못한데 타인을 가르치는 것이 과연 바람직한 일인가?

- 추광재의 '허브차와 기억' 중에서 -

# 01 준비하기: 교육과정이란?

## 1 교육과정과 소통하기 : 교육과정의 개념

'교육과정'과 '교육과정 관련' 용어들이 교육사회뿐만 아니라 요즘에는 사회 전반에서 널리 사용되고 있다. 이는 교육에 관한 학부모와 사회 구성원들의 관심이 점점 높아지는 것도 이유 중에 하나이겠지만 무엇보다 교육과정의 중요성과 필요성이 강조된 면이 더욱 크다. 특히 학교 안에서 교육과정이 개정될 때마다 이루어지는 교육과정 연수 및 그에 따른 교육과정 정책의 변화는 교사들이 반드시 알아야 할 내용으로 교사의 전문성과도 매우 밀접한 관련이 있다. 개인적으로는 교육과정에 관한 관심과 논의가 활발하게 이루어지는 것은 환영할 일이지만 우려되는 것은 교육과정에 관한 논의에 있어서 많은 오해와 잘못 이해된 교육과정 이론들이 마치 그럴싸하게 포장되어 회자되어질 가능성이 높아지는 것이다. 실제 학교(교육)현장에서 이러한 현상은 우려의 정도가 아니라 곳곳에서 쉽게 찾아볼 수 있는 현실이 되어가고 있다.

왜 이런 일이 벌어지는 것일까? 교육과정이란 개념이, 교육과정 관련 용어의 어떤 면들이 교사를 포함한 교육관련자들에게 오해를 불러일으키게 하는 것일까? 가장 큰 이유는 교육과정이 '사랑'이나 '행복'과 같이 한마디로 정의하기 힘든 개념이기 때문이다. 전술한 바와 같이 교육과정의 의미는 한두 단락의 글로 설명되거나 정의될 수 있는 용어가 아니다. 오히려 그 의미를 분명히 설명하고 밝히는 과정에서 교육과정이 가진 본연의 의미를 폄하하거나 훼손할 가능성도 있다. 무엇을 가르칠 것인가, 어떻게 가르칠 것인가, 왜 가르쳐야 하는가에 관한 교육과정 문제는 철학, 이념, 심리, 사회, 신념 등의 요인으로 사회마다, 개인마다 다르게 이해되고 있으며, 각자만의 논리와 합리성을 가지고 교육과정을 정의하고 있다. 따라서 교육과정의 의미는 시대별, 사회별, 학자별로 많은 정의를 제시하고 있으며, 이러한 수많은 정의는 교육과정을 공부하는 학생이나 교사들에게 혼란을 부추기거나 그 의미를 애매모호하게 할 수도 있다. 실제 교육과정이 무엇인가라고 하는 질문에 '교육과정이란 이것이다'라고 나름대로의 논리와 근거를 가지고 말할 수 있는 이가 몇이나 될까?

이러한 이유로 우리는 교육과정 개념을 정의하는 데 있어 여러 학자들이 제시하고 있는 교육과정 개념에 관한 정의를 토대로 자신의 수업철학과 교육철학에 비추어 교육과정의 의미를 탐구하고 고민하는 과정이 선행되어야 한다.

이 절에서는 교육과정의 의미를 그 어원에서 찾아보고, 학자별 정의를 살펴보고자 한다. 이는 교사 스스로 자신만의 교육과정 개념과 의미를 형성하는데 토대를 제공해 주기 위한 것이며, 교사의 바람직한 교육과정에 관한 이해를 도모하기 위함이다.

### 1) 어의적 의미

교육과정(敎育課程, curriculum)의 어원은 'currere(쿠레레)'라고 하는 라틴어에서 유래되었다. 쿠레레는 '말의 경주로(couse of race)'라는 뜻으로, 말이 달리는 경주로가 정해져 있으며 경주로 밖으로 나가는 것은 허용되지 않는다. 경주로에는 주어진 과제나 장애물이 있으며, 보이지 않는 규칙이 작용하고 있다. 또한 시작과 끝이 있으며, 목표가 정해져 있다. 마찬가지로 학교에서 공부하는 학생들이 배우는 내용은 경주로처럼 정해져 있으며, 일정한 규칙이 작용하고, 주어진 목표가 있다. 또한, '학교에서 학생들이 배우게 되는 정해진 내용과 과정'의 밖으로는 나갈 수 없음을 의미한다. 이러한 정해진 체제(학교 등) 내에서 교육과정이 제시한 목표를 달성한 사람에게는 졸업장이나 수료증이 주어졌으며, 다음 교육과정을 접할 수 있는 자격도 동시에 주어졌다. 이 과정에서 능력이 없는 사람은 경주로에서 벗어나게 되거나 뒤처지게 되며, 이러한 결과에 따른 불이익은 당연한 것으로 받아들여졌다. 현재의 교육과정의 모습이나 역할도 이와 크게 다르지 않다. 학교라는 제도로서의 교육과정의 목표와 내용을 제대로 수행한 학생에게는 그에 따른 이익, 예를 들어 진급, 칭찬, 상 등이 제공되나 교육과정에서 요구하는 것들을 제대로 수행하지 못한 학생에게는 타락, 패배감 등의 불이익이 뒤따른다.

어의적 의미에서 우리가 특히 유의해야 할 점은 교육과정이 결과보다는 내용을 강조하는 측면에서 바라보아야 한다는 것이다. 교육과정을 수행하는 과정이 교육적이었는가?, 사회적, 제도적으로 공감할 만한 내용을 윤리적인 방법에 의해 얻어낸 결과인가? 등에 강조점을 두어야 한다는 의미이다. 과정이야 어찌되었던 결과만을 바라보는 시각은 교육과정의 본래적 성격을 잘못 이해하게 하는 가장 중요한 요소이기 때문이다. 또한 어의적 의미에서 또 다른 혼란을 가져올 수 있는 것이 교육과정의 '과정'에 대한 의미이다. 소수 교사들은 '課程'을 '過程'으로 알고 교육과정을 교육의 過程으로 이해하는 경우가 있다. 그러나 교육과정에서 '課程'은 '過程(process)'과 구별되며, 따라서 일련의 과정이라기보다는 가르칠 무엇에 관한 내용을 담고 있다고 보는 것이 타당하다.

### 2) 학자별 교육과정의 정의

교육과정이란 말은 여러 가지 용도(usage)로 사용되기 때문에 모든 용도를 포괄할 수 있도록 정의 지을 수 없는 성질을 지니고 있다(Peters, 이홍우 역, 1988). 이는 곧 교육과정이라는 용어가 그 복잡성에 의해 다양하게 정의될 수 있음을 시사하고 있다. 일반적으로 교육과정의 의미는 예비교사나 교사에게 있어 6차, 7차 교육과정이나, 2007년 개정 교육과정처럼 계획으로서의 문서화된 교육과정으로 흔히 인식되고 있다. 교사와 일반인들에게 있어 교육과정은 학교(초등, 중등, 대학 등)에서 배우게 되는 일련의 내용으로 인식되는 것이 대부분이다. 그러나 문서화된 교육과정은 교육과정의 형태 혹은 종류의 한 부분이며, 교육과정 실행을 위한 계획서에 가깝다. 전체로서의 교육과정을 정의하는 데 있어 문서화된 교육과정은 교육과정을 구성하는 한 요소일 뿐이다.

교육과정을 전공한 학자의 입장에서 교육과정은 교육학의 하위 영역으로 무엇을, 어떻게, 왜 가르쳐야 할 것인가에 관한 내용을 다루는 학문 영역으로 규정된다. 이홍우(1992)는 교육과정의 이러한 다양한 용도와 그에 따른 의미를 '지시대상'으로서의 교육과정과 '학문적 탐구 대상'으로서의 교육과정으로 구분하여 설명하고 있다. 여기에서 '지시대상'으로서의 교육과정의 의미는 교육에서 가르쳐야 할 내용을 항목으로 나열한 것(교수요목)이다. 이 경우 교육과정이 어떤 대상을 지시하는지는 꽤 분명하다. 다시 말하면, '지시대상'으로서의 교육과정의 의미는 교육인적자원부에서 발행하는 「교육과정」에서 제시하고 있는 각 학교급별, 학년별, 과목별 내용 항목과 각 내용 항목들이 나오게 된 배경과 그것을 가르치는 목적과 방법상의 유의점으로 구성된 것을 뜻한다.

이와는 달리 '학문적 탐구 대상'으로서의 교육과정[1]은 교육에서 가르쳐야 할 내용(지시대상으로서의 교육과정)에 대한 탐구를 가리킨다. 이 경우 교육과정은 교육학의 한 분야로서 무엇을 가르칠 것인가, 어떻게 가르칠 것인가에 관한 근본적인 질문에 대한 해답을 구하고자 하는 학문적 노력을 의미한다.

Saylor & Alexander(1974)는 교육과정의 실제 구현 과정으로서 교육과정을 '계획', '실천과정', '결과'의 관점에서 정의하고 있다. 같은 맥락에서 Lewis와 Miel은 교육과정을 '의도된 교육과정'과 '실현된 교육과정'으로 구분하고, 두 교육과정의 정의를 각각 세 가지 수준으로 분류하고 있다.

'의도된 교육과정'은 첫째, 교과로서의 교육과정 둘째, 의도된 학습결과로서의 교육과정, 셋째, 의도된 학습자의 참여 기회로서의 교육과정으로 분류하고 있다. '실현된 교육과정'은 첫째, 실제 제공된 학습기회 둘째, 학습자의 실제적 참여 셋째, 학습자의 실제적 경험으로 분류하고 있다.

Eisner(1985)는 교육과정을 일련의 '의도된 교육과정'과 '실행된 교육과정'으로 분류하고 있다. 그에 따르면 '의도된 교육과정'이란 교육적 의도가 담겨있는 계획된 활동, 즉 학생들에게 교육적인 효과를 가져다 줄 수 있는 활동에 그들이 열중하도록 의도적으로 개발된 프로그램이며,

---

1 그러나 이 경우 가르치고 배워야 할 내용(또는 내용 항목)에 관하여 탐구한다는 것은 정확하게 그 연구의 대상이 드러나지 않는다. 예를 들어 수학이라는 과목에 삼각함수 등을 포함한 여러 개의 내용 항목이 나열되어 있을 때, 이러한 수학의 내용(또는 내용 항목)을 탐구하는 것은 수학이지 교육과정은 아니라는 것이다.

교육의 목적, 내용, 활동, 결과 등에 관한 계획이기 때문에 교실 수업에서 실제로 일어난 것과는 차이가 있을 수도 있다. 이러한 의도된 교육과정은 교과와 같이 계획된 것으로 세밀히 조사, 비평, 수정되고 많은 지역에 전파될 수 있는 것이다. 이와는 달리 '실행된 교육과정'은 학급 내에서 일어나는 독특한 사태들로 교사와 학교와 학생들 사이에서 일어나는 것들이라고 하였다.

김호권 등(1991) 역시 교육과정을 '공약된 목표로서의 교육과정', '수업 속에 반영된 교육과정', '학습 성과로서의 교육과정'의 세 수준으로 교육과정을 개념화하고 있다. '공약된 목표로서의 교육과정'은 의도된 교육과정과 같은 맥락에서 이해될 수 있는 것으로서, 문서화된 국가 수준의 교육과정이 이에 해당된다. '공약된 목표로서의 교육과정'은 학교 현장에 전파되거나 실천되기 이전의 '교육적 의도'로서 머물러 있는 상태의 교육과정이다. 즉, 이것은 '이런 것을 가르치겠다'라고 하는 공개된 약속(공약)이며, 우리나라의 경우 법령의 형태로 확정 고시되고 있다는 점에서 강제성을 띠고 있는 일종의 규범적인 교육과정이라 할 수 있다. '수업 속에 반영된 교육과정'은 전개된 교육과정을 의미하는 것으로 교사에 의해 재해석되고, 교사들의 손에 의하여 그의 수업행위 속에서 재현되지 않으면 안 될 처지에 있는 것을 말한다. 즉 '머리 속에 그리고 있는 교육과정'이 아니라 '실제로 가르치고 있는 교육과정'이라고 볼 수 있다. '학습성과로서의 교육과정'은 수업을 통하여 학생들에게 실제 '실현된 교육과정'을 의미한다. 전개된 교육과정을 통하여 또는 실천된 수업에 참여함으로써 '학생들이 실제 배운 것은 무엇인가?'라는 질문을 제기했다면 바로 실현된 교육과정의 수준을 문제삼은 것이다. 실현된 교육과정은 학생들의 개인차에 따라 수준이 다양하며 학생들의 학습성과를 토대로 하여 추리해 볼 수 있는 것이다.

이와는 달리, 김종서(1981)와 곽병선(1985)는 교육과정의 결정 권한에 따라 다음과 같이 교육과정의 개념을 정의하고 있다.

첫째, 국가 수준의 교육과정이다. 이는 국가 및 사회가 학생들에게 어떤 목적을 위하여 무엇을 가르칠 것인가에 대한 의사결정을 해놓은 문서를 말한다.

둘째, 교사수준의 교육과정이다. 이 수준에서는 교사가 교육과정의 결정자라는 점에서 교사가 어떤 목적을 위하여 무엇을 가르치려고 하고 무엇을 가르치는지를 말한다. 국가 수준의 교육과정은 교사의 수준에서 교육실제가 반영되지 않는다면 그 실제적 의미를 가질 수 없는 것이다. 따라서 교육문제의 개선은 교육현장에 있는 교사의 의도를 반영해야 함은 물론 교원 현직 연수의 중요성이 부각된다. 이 수준에서의 교육과정은 교사가 만든 문서(연간 수업계획, 수업안 등)와 교사의 수업행동이 포함된다.

셋째, 학생수준의 교육과정이다. 이 교육과정은 학생들이 학교생활을 통하여 가지게 되는 경험의 총체를 말하며, 교육과정의 종착점이 된다.

한편 Goodlad(1978)은 교육문제를 의도를 포함하는 '이론 영역'과 과정과 결과를 포함하는 '실천 영역'으로 나눌 수 있다고 보고, 이상적인 교육과정(ideological curriculum)과 실천적인 교육과정(practical curriculum)의 개념을 제시하고 있다. 그가 제시한 교육과정의 개념에 대한 정의는 다음과 같다.

'이론 영역의 교육과정'은 교육과정의 이상적인 입안과정에서 도출되는 이상적 교육과정과 국가 등의 공시적인 인가를 받은 후 학교·교사에 의해 선택되거나 또는 명령에 의하여 채택된 공식적인 교육과정을 말하며, 교육과정 지침이나 교과서 등이 이에 해당된다.

'실천 영역의 교육과정은' 교사에 의해 '실재(reality)'로서 파악되어 마음속에 인지되고 있는 인지된 교육과정과 매시간 학교와 수업장면에서 실제로 진행되어 나가는 실행된 교육과정, 교사에 의해 실행된 교육과정, 학생들의 경험을 통해 실현되는 경험된 교육과정이 이에 해당된다.

이러한 학자들의 구분은 교육과정의 의미를 실제와 이론, 구체적인 것과 추상적인 것, 교육과정의 구현 과정, 교육과정의 수준 등의 기준으로 편의상 단순화한 것에 불과하다. 그러나 한편으론 교육과정의 의미의 구분을 통한 단순화의 노력들은 교육과정을 여러 측면에서 바라볼 수 있는 단서를 제공해 주며, 교육과정의 총체적인 모습을 그리는 데 큰 도움이 된다.

### 3) 한국의 교육과정

교육과정의 개념적 이해를 위한 학자별 정의나 의미 분석은 각 학자의 교육 관점, 교육 경험, 선입관, 교육 신념 등에 결정되어지며, 각 시대(時代), 사회가 공유했던 가치와 문화 등에 의해 영향을 받는다. 따라서 교육과정에 관한 정의는 현 사회의 교육 가치를 반영하고, 한 개인의 학문적 신념이나 교육 태도 등에 의해 의미 지어진다고 해도 과언이 아니다. 고대 그리스의 폴리스에서 교육과정은 희랍인들의 삶의 방식이나 가치 등을 반영한 내용으로 구성되었으며, 중세 서양교육에서는 종교적 삶의 가치를 극대화하기 위한 내용으로 교육과정이 구성되었음을 굳이 서양교육사를 찾아보지 않더라도 짐작이 가는 이유는 교육과정이 각 시대의 가치와 문화를 반영하고 있기 때문이다.

즉, 교육과정은 과거로부터 이어진 교육 전통을 전승, 발전시켜 온 교육적 가치 혹은 교육 목적을 반영하는 역사성과 특정 시대 특정 사회의 구성원이 암묵적으로 지지하고 있는 가치를 반영한다는 점에서 규범성과 사회성이라는 특성을 가지고 있다. 이러한 특성들은 교육과정이 가진 또 하나의 특성인 보편성[2]과 대별되는 개별성으로 특정 사회의 교

2 교육과정이 특정 시대, 특정 사회의 교육목적 구현을 위한 구체적인 목표와 내용, 방법을 다루고 있다 하더라도 교육을 다루고 있다는 점에서 어느 사회나 공통적으로 추

육적 특징을 나타나게 해주는 중요한 요소가 된다.

그러나 교육과정 개념을 정의하는 과정에서 우리 사회의 교육 문화나 가치를 반영하고 있는 한국 교육과정의 의미를 밝히고자 하는 논의는 상당히 미약하다. 심지어 외국 학자들이 주장하고 있는 교육과정의 정의를 그대로 받아들여 한국 교육과정의 의미를 규정하고자 하거나 아예 한국 교육과정의 의미를 밝히는 것 그 자체를 무시하거나 그 중요성을 인식하지 못하고 있다. 어떤 이들은 교육과정의 보편적 혹은 공통적 의미를 밝히는 것 외에 한국 교육과정의 의미를 밝히는 것이 어떤 의의가 있는지 되묻기도 한다. 그러나 교육이 가치있는 것을 다루고 그 가치 역시 특정 사회나 시대에 따라 달라진다는 것에 공감한다면 교육의 구체적 목표나 내용을 다루는 교육과정의 의미도 달라지는 것이 당연하다. 미국 교육이 한국 교육과 차별성을 가지고 있다는 것은 교육 목적에 차이가 있음을 드러내는 것이며, 따라서 교육과정의 내용과 방식이 다를 수밖에 없다. 당연히 교육과정 보편성에 따른 의미 외에 한국 교육과정 의미가 존재하며, 이를 밝히는 것이 한국적 교육과정, 크게는 한국 교육의 특수성을 존재하게 만드는 핵심 요소가 된다.

우리는 서양 교육, 특히 미국 교육보다 깊은 역사성과 독특한 교육 문화를 형성하고 이를 발전시켜 왔다. 고대 고조선 시대에서부터 시작하여 조선시대에 이르기까지 약 오천년의 역사를 통하여 형성된 우리의 교육 전통과 그 안에 내재된 교육적 가치와 문화 등은 현재 우리의 교육 문화 속에 어느 정도 잔존해 있으며, 그 힘이 아직까지 우리의 교육을 지탱해 오고 있다. 근대 산업혁명 이후 제도화된 서양 교육 사회 안에서의 거의 사라져가고 있는 가족같은 사제 관계, 존경과 사랑으로 맺어져 있는 사제 관계 등이 아직 우리에게 남아있다. 물론 점점 사라져

구하고 있는 가치나 내용 등이 존재한다.

가고 있는 실정이지만 아직 그 불씨는 우리의 교육 문화 속에 잔존해 있다. 갈수록 서양화되고 비인간화 되어가고 있는 우리의 교육 현실을 바로 세우기 위해서라도 한국 교육과정의 의미를 밝히고 그 안에 내재된 교육 전통과 가치를 현재 우리 교육문화와 접목시키는 일은 필수적이다. 물론 이 과정에서 문화적 충돌과 혼란 등이 예견되나 발전과 변화의 과정에서 내적·외적 갈등은 필연적으로 수반되는 과정이라는 점을 감안하면, 오히려 이를 반기고 사회적 합의와 공감대를 이끌어 내는 것이 더 중요하다.

한국의 교육과정의 의미를 밝히는 것이 역사적 사료가 적다는 점, 설령 사료가 있다하여도 해석이 어렵다는 점과, 선행 연구를 찾아볼 수 없다는 점 등 등을 감안하면 무척 어려운 일이다. 그러나 그 중요성을 인식한다면 오히려 더 큰 가치와 성취감을 느낄 수 있을 것이다.

## 2 교육과정 알아가기: 교육과정의 이해

우리는 어떠한 대상이나 현상에 대하여 이해한다는 말을 자주 사용한다. 하지만 이때 '이해한다'는 말은 화자의 의도, 상황 등에 따라 다른 의미로 해석될 가능성이 매우 높다. 예를 들어, '상대방을 이해한다'는 말은 상대방에 대해 여러 사실들을 알고 있다는 의미로 해석될 수도 있고, 상대방의 특정 행위를 옹호한다는 의미로 해석할 수도 있다. 전자의 경우 이해는 안다라는 의미로, 후자의 경우 그럴 수밖에 없었던 상황에 대한 긍정의 의미로 사용된다. 예를 들어 '너가 그렇게 행동할 수밖에 없었던 상황을 충분히 이해해'처럼 상대방에 대해 일련의 혹은 특정한 내용이나 상황을 알고 있다는 의미로 사용되거나, '니 마음 내가 잘 알야'와 같이 상대방의 마음을 어느 정도 가늠하고 있다라는 의미로 사용된다는 것이다.

또한, 이해의 대상이 당사자인 경우, 이해의 의미는 또 다르게 해석될 수 있다. 예를 들어, '나를 이해해줘'라는 말처럼 여기에서 '이해'는 자신의 행동에 정당성을 부여하기 위한 의미 혹은, 자신의 생각에 동의를 구하는 의미로 해석될 수도 있다. 또한 사전적 의미로서의 '이해'는 '사리를 분별하여 앎'과 '말이나 글의 뜻을 깨쳐 앎'이라고 기술되어 있다(표준국어대사전, 1999). 여기서 앎이란 일상생활의 장면에서 겪게 되는 문제들을 도덕적이고 합리적으로 해결할 수 있는 무언가를 안다는 의미와 언어를 통해 접하게 되는 내용의 의미(명시적, 묵시적 의미 모두)를 안다라는 뜻이 함께 내재되어 있다.

그리고, '이해'는 어원적으로 독일어 'ken'(안다, 이해한다)이라는 동사에서 파생된 것으로 'can'(할 수 있다)이라는 동사와 동일한 의미를 가지고 있다. 독일어의 'kennen'(안다)의 의미가 같은 독일어 können'(할 수 있다)이라는 말과 어원이 같기 때문이다. 전자의 '안다'는 주로 어떠한 대상이나 현상 등을 안다는 의미로 사용되며, 후자의 '할 수 있다'는 안다는 것을 전제로 한 실천적 의미로 해석할 수 있다. 즉 이해한다는 말은 할 수 있다라는 의미를 포함하고 있으며 어원적으로는 '이해'라는 의미가 '실행'을 동반하고 있음을 암묵적으로 제시하고 있는 것이다.

이와 관련하여, Gadamer(1982)는 "이해는 곧 실행(application)이다"라고 주장하면서, 어떠한 대상이나 현상을 이해한다는 것은 아는 것을 실천할 때 의미를 갖게 된다고 기술하고 있다. 그에 따르면, 교사가 수업이론과 방법들을 알고 있다 하더라도 실제 교수 상황에서 이러한 이론과 방법들을 제대로 활용하지 못하는 경우, 교사는 알고는 있어도 이해하지 못했다는 것이다. 즉, 이해한다는 것은 알고 있는 것을 실천, 실행할 수 있음을 함의한다는 것이다. 같은 맥락에서 Fuller(1969)는 이해란 실행의 과정을 통해서 볼 수 있는 개념으로 보고 있다. 어떠한 대상에 대한 이해는 대부분 관심에서 비롯되며, 이해는 실행을 위한 필요조건이라는 것이다. 특히, 그들은 이해를 위한 전제조건으로 관심의 중요성을 주장하고 있다. 그의 'CBAM' 모형[3]은 이러한 그의 생각이 잘 드러나 있다.

이와는 달리, Anderson과 Krathwohl(2001)은 이해를 인지과정의 한 부분으로 기술하고 있다. 이해를 인지과정의 한 부분으로 바라보는 이러한 관점은 Bloom(1949)의 교육목표 Taxonomy와 맥락을 같이하고 있다. 그러나 Bloom이 설명하고 있는 '이해'의 의미와 Anderson과 Krathwohl이 말하는 '이해'의 의미에는 차이가 있다. 전자의 '이해(comprehension)'의 의미는 자료나 기호, 언어의 의미를 파악하는 능력을 말하며, 번역, 해석, 추론 등으로 분류된다. 이와 달리 후자의 경우 '이해(understanding)'의 의미는 전자의 의미를 포함하고 있다. 더불어 기존의 지식과 새로운 지식 사이의 관계를 형성하고 이를 통하여 새롭게 의미를 구성하고 통합을 가능하게 하는 인지과정으로 보고 있는 것이다. 부언하면, Anderson과 Krathwohl는 인지과정을 기억, 이해, 적용, 분석, 평가, 창의의 6단계로 구분하고, 이해를 의미구성의 과정이라고 정의하고 있다. 즉, 획득된 '새로운(new) 지식'과 '사전(prior) 지식' 간에 관계(connection)를 형성하는 과정이 이해의 의미라는 것이다. 이러한 이해의 인지과정에 7가지 하위 영역(해석, 예시, 명료화, 요약, 추론, 비교, 설명)을 포함시키고 있다.

pinar(2004)는 교육과정 분야에서 사용되는 '이해'의 의미를 다음과 같이 설명하고 있다.

3 교사의 관심에 기초한 교육과정 실행 모형(the Concern–based Adoption Model: CBAM)은 교사의 현재 관심을 정확하게 진단하고 이에 따른 교육과정 실행 수준을 파악하기 위하여 개발된 모형으로 Hall, George 등(1979)에 의해 체계화되었다.

*교육과정 분야는 학교에서 일어나는 일에 관한 것이다. 그러나 학교에서의 일을 다룰 때 교육과정 분야는 언어를 사용하고 언어로 구성된다. 언어는 '학교에 관한 일'이 의미하는 것을 반영하고 결정한다. 교육과정 분야를 이해한다는 것은 학자들이 그 분야에서 사용하고 있는 언어에 세밀한 주의를 기울일 필요가 있다는 것을 의미한다. 이해는 언어가 함의하고 있는 의미를 파악하는 것 외에 자신의 언어로 말할 수 있도록 타인의 언어를 내면화하는 것까지를 포함하는 것이다.*

'이해'의 의미를 전술한 개념과 용도에 비추어보면, 이해의 의미는 '현상, 행위 그리고 활동의 원리에 대한 앎 그리고 실행 능력'으로 정의될 수 있다. '이해'의 의미를 위와 같이 정의한다면 교육과정 이해의 의미는 '교육과정과 관련한 내용을 알고 실행할 수 있는 능력'으로 정의될 수 있을 것이다. 즉, 문서화된 국가 수준의 교육과정의 이해는 교육과정 안에 담긴 텍스트에 대한 관심과 필요에 의하여 시작되며, 앎과 적용(실행)의 과정을 통하여 이루어진다고 할 수 있다. 이러한 관점에서 교사의 교육과정 이해 수준이란 '국가 수준의 문서화된 교육과정 내용과 교사 마음과의 관계 맺음을 통하여 드러나는 개인 수준의 교육과정, 개인이 이해한 만큼의 교육과정 지식의 정도'를 뜻한다. 대부분의 지식은 그 의미를 언어(텍스트) 속에 명시적 상태로 담게 되며 그 의미를 드러내는 것은 드러내고자 하는 개인의 경험과 지적 수준에 달려 있다. 따라서, 교사의 교육과정 이해란 국가 수준의 교육과정이 교사수준의 교육과정으로 바뀌어 가는 과정에서 교사의 개인적 특성, 교육과정에 관한 인지적 수준에 의하여 교사의 마음에 다르게 인식되는 것을 의미한다. 물론, 이때의 이해는 실행의 과정이 수반된다.

교수는 교사의 일이며, 교사의 고유 행위이다. 수업의 질, 수업의 성공 여부는 교사의 교수행위에 의해 좌우된다. 또한, 교수의 개념이 어떻게 정의되든지 간에 교수는 교사의 전문성과 계획된 교육과정이 실현되는 과정이며, 교사 행위의 핵심이며, 학습의 유발 정도를 결정하는 교사의 전문적 활동이다. 이러한 교수에 있어 교육과정은 교사들이 무엇을, 어떻게 가르칠 것인지에 대해 구체적, 실질적 안내를 해주는 핵심적 역할을 하고 있다. 따라서, 교사의 교육과정에 대한 관심과 교육과정에 대한 이해 수준은 교사의 행위(교수행위)에 커다란 영향을 미칠 뿐만 아니라, 수준 여하에 따라 학습자에게도 커다란 영향을 미치게 된다는 것이다. 다음 절에서는 교사의 교수행위에 결정적 영향을 미치는 교사의 교육과정 이해수준을 교사발달 과정과 연계하여 각 수준의 의미를 살펴보고자 하였다.

# 02 도움닫기: 교사발달과정과 교육과정의 관계 이해하기

## 1 교사발달의 개념

교사발달의 개념은 학자들마다 다르게 규정되고 있는데 그 이유는 교사발달의 연구 역사가 짧고, 교사발달이라는 개념이 지니고 있는 포괄성과 다양성에 원인이 있다고 볼 수 있다. 일반적으로 교사발달의 개념을 기술할 때 인간발달의 과정과 동일시하여 설명하는 경우가 대부분이다. 예를 들어 인간들이 삶을 영위하면서 가치관과 지식, 능력의 변화와 발달의 과정을 거치는 것과 마찬가지로 교사들도 교직에 종사하면서 다양한 방식으로 변화·발달하고 있다는 것이다. 즉, 교사들이 교직 생활을 통하여 경험하게 되는 일체의 변화를 교사발달이라는 개념으로 설명하고 있는 것이다. Katz(1972)는 교사발달의 개념을 '교사가 교직에 들어가는 순간부터, 그리고 교직생활을 하는 동안 가지고 있는 교육관, 학교관, 학생관, 교직관 등의 변화뿐 아니라 학생들에 대한 교과지도, 생활지도, 학급경영, 업무 수행에 관한 능력, 지식, 기능 및 행동을 포함하여 교직 생활에 관련된 모든 영역에서 변화'라고 기술하고 있다.

Feiman과 Floden(1980)은 교사발달이라는 용어를 세 가지 의미로 나누어 설명하고 있다.

첫째, 교사에 관한 발달이론을 구성하려는 시도와 관련한 개념으로 '교직 기간 중에 교사들이 어떻게 변화·발달하는가'와 관련한 질문에 대한 대답의 시도로 설명하고 있다.

둘째, 발달심리학 영역에서의 이론들을 사용하여 교사의 발달을 설명하려는 시도이다. 교사발달을 성인발달의 한 형태로 보고 자아(ego), 도덕성(moral), 그리고 인지(cognitive)발달에 관한 이론을 바탕으로 교사발달을 설명하려는 것이다. 예를 들어 '발달 이론 내의 여러 구인(constructs)들이 교사의 발달에 어떠한 영향을 미치는가'와 관련한 질문에 대한 대답을 구하는 시도라고 보고 있다. 셋째, 현직교육과 전문적 프로그램의 운영을 통해서 교사의 성장·발달을 촉진하고 지원하려는 의미에서의 개념이다. 예를 들어 '어떻게 교사의 성장·발달이 지원되고 강화되어야 하는가'라는 질문에 초점을 맞추는 것을 의미한다.

이러한 교사발달에 관한 세 가지 용어의 의미를 바탕으로 Feiman과 Floden(1980)은 교사발달 개념을 정의하고 기술하는 세 가지 상이한 방식을 제시하였다.

첫째는 대부분의 교사가 겪는 공통적인 경험의 변화를 다루는 것이다. 즉, 교직기간 중에 교사들이 변화·발달하는 과정과 내용에 주된 관심을 갖는다.

둘째는 발달심리학의 이론을 토대로 교사의 발달을 설명하는 시도이다. 여기서는 교사발달을 성인 발달의 한 형태로 보고 교사발달을 결정하는 개인적인 요인들이 무엇인가에 관심을 갖는다.

셋째는 현직교육과 전문적 프로그램의 운영을 통하여 교사의 성장·발달을 지원하고 촉진하는 것이다.

Burden(1983)과 Gregorc(1973)은 교사발달을 교직 경험이 쌓이면서 교직에 관련된 여러 영역에서 가치, 신념, 욕구, 지식, 기술, 행동, 태도, 전망 등의 변화로 설명하고 있다.

윤홍주(1996)는 '교사발달이란 예비교사가 교사 양성기관에서 교직 관련 이론과 적성 등을 개발하는 시기부터 교직 생활 전 기간을 통하여 전문적 지식, 기술, 행동, 태도, 신념, 관심사 등의 교직 수행과 관련된 모든 영역에서 변화되어 가는 것'이라고 교사발달의 개념을 설명하고 있다. 이윤석(1999)에 의하면 교사발달이라는 개념은 교사가 교직생활의 전체기간을 통하여 교직생활과 관련된 제반 영역에서의 가치관, 신념, 태도, 지식, 기능, 행동에 있어 양적·질적인 변화를 의미한다고 하였다. 그리고 그는 이러한 교사발달이라는 개념과 관련하여 보다 구체적으로 다음과 같은 점을 지적하였다.

첫째, 교사발달이 시작하는 시점은 개념적으로 보면 초임교사로서 교직 생활을 시작하는 순간부터라고 할 수 있으나, 사실은 넓게 보아서 교사 양성 교육을 받는 대학 생활에서부터라고 할 수 있다.

둘째, 교직 생활과 관련된 제반 영역에서의 가치관, 신념, 태도, 지식, 기능, 행동에 있어서 양적·질적인 변화는 반드시 긍정적이고 바람직한 변화만을 의미하는 것이 아니라, 개인적·조직적 환경의 다양한 요인으로 인해 때로는 부정적이고 바람직하지 못한 변화가 될 수도 있다.

셋째, 교직 생활과 관련된 제반 영역은 대체로 교과지도(교과수업), 생활지도, 특별활동지도, 학급운영, 학교운영 참여, 학부모·지역사회 관계, 전문성 개발 등으로 볼 수 있다.

이렇듯 교사발달의 개념은 여러 관점에서 기술되고 이해되고 있다. 이러한 교사발달 개념을 학자별로 정리해보면 다음 <표 1-1>과 같다.

위의 표를 비추어볼 때 교사발달 개념이란 교사가 교직 생활의 전 기간을 통하여 교직과 관련된 가치관, 신념, 전문적 지식 등의 인지적·정의적 변화를 의미한다고 할 수 있다. 즉, 교사는 발달과정에서 교육과정에 대한 새로운 지식을 획득하고 내면화하는 과정을 거치게 되며, 이 과정에서 교사로서의 전문성을 형성하게 된다. 물론 인지적 측면 외에

**표 1-1** 교사발달의 개념

| 학 자 | 개 념 |
|---|---|
| Burke, Christensen, Fessler | 교사가 교직에 종사하면서 가치관과 지식, 능력 등이 변화의 과정을 거치는 것 |
| Loetie | 스스로의 시행착오와 경험법칙 등 주로 개인적 경험에 의존한 직업적 발달 |
| Katz, Burden, Gregorc | 교직생활동안 교육관, 학교관, 학생관, 교직관, 교과지도, 생활지도, 학급운영, 업무수행능력, 지식 기능, 행동의 변화 |
| 윤홍주, 신현석, 이윤식, Liberman, Miller | 교사들이 교직을 수행하면서 경험하게 되는 일체의 변화 |

그들의 가치관, 신념, 철학 등도 교사의 발달과정에서 변화를 겪게 되며 이는 교사의 교육과정 지식 형성 전 과정에 중대한 영향을 미치게 된다는 것이다.

따라서 이 글에서는 교사발달 개념을 교사가 새로운 지식을 획득, 수용하고 새로운 교수전략을 실행하는 인지적 측면만을 강조한 좁은 의미, 그리고 다양한 속성을 지닌 한 인간으로서 교직 전 기간을 통하여 그들의 욕구와 능력, 가치관, 성향, 지식, 기술, 목표 등이 변화·발달·재형성되는 넓은 의미를 모두 포함한 개념으로 사용하고자 한다.

## 2 교사발달과정과 교사의 교육과정 관심

교사발달에 관한 연구는 발달심리학 이론들을 활용하는 것으로부터 시작되었다. 특히 발달단계이론과 인지발달이론이 교사들의 발달과정과 단계에 관한 이해를 위한 기초가 되었다. 발달단계이론은 인간발달 단계의 변화 시점을 전체 생애를 통하여 특별한 사건이 일어나는 시기와 관련해서 설명하고 있다. 반면에 인지발달이론은 성인발달에 있어서 사고방식이 명백하게 질적인 차이를 보이는 다양한 시점에 초점을 두고 있다.

Pintrich(1990)는 기존의 교사발달이론을 종합적으로 분석하여 이를 발달단계 및 구조모형, 정보처리 및 전문가모형, 정서 및 신념모형, 인지양식 모형을 제시하고 있다. 이러한 모형 중 가장 일반적으로 사용되는 것은 교사의 관심영역을 중심으로 한 발달단계 모형이며, 이 장에서도 이 모형에 입각하여 논의를 이끌었기에 여기에서는 이를 중심으로 살펴보았다.

Fuller(1969)는 교사의 관심사를 분석하여 교사들이 교직 기간을 통하여 네 단계의 발달단계를 거친다는 결론을 내렸다. Fuller가 제시한 교사발달의 첫 단계는 교직이전 관심단계, 혹은 무관심 단계로서 교직에 대한 구체적인 관심이 없는 상태이다. 둘째 단계는 생존관심 단계로서 교사들이 자신의 교직 능력에 대한 관심을 갖는 단계이다. 교사들이 자기 자신에 대해 관심을 갖는 것은 교실에서 실수하지 않고 학생들을 잘 다루며 그들의 역할을 학교조직과 조화시키는가에 관심을 갖는 것을 의미한다. 이 시기의 교사들은 자신의 역할을 적절히 수행함으로써 생존하는 데 많은 관심을 갖고 있다. 셋째 단계는 교직상황 관심단계로서 교사들이 자신들의 교수결과, 교수 상황에서의 한계와 좌절, 그들에게 요구되는 사항들에 관심을 갖고 있다. 넷째 단계는 모든 관심이 학생들에게로 집중되는 학생관심 단계이다(Fuller, 1975).

초등교원을 대상으로 한 Burden(1980)의 연구에서는 교사발달을 세 단계로 제시하고 있다. 첫째 단계는 교직 첫 해 동안 이루어지는 것으로 Fuller의 생존단계와 일치하고 있다. 이 단계의 교사들은 교수활동과 환경에 대한 기본적인 지식을 습득하는 데 관심을 보이고, 교직의 전문성과 안정성에 대해 불확실한 혼란을 경험한다. 둘째 단계는 적응단계로서 교직 경력 2~4년 사이에 나타난다. 이 단계에서 교사들은 기획, 조직, 교육과정, 교수 방법 등을 습득하고, 교사로서의 능력에 점차 자신감을 갖기 시작한다. 셋째 단계는 성숙단계로서 교직생활 5년 이후의 시기로서 교수활동과 환경에 대한 폭넓은 이해를 바탕으로 전문적인 지식과 방법을 교육실제에 다양하게 응용하여 성숙한 교사로서의 모습을 갖추게 되는 시기이다. 이와 같은 Burden의 연구결과는 성인의 초기 발달단계가 과거의 경험과 인식에 의해 결정된 사고방식에 의해 영향을 받는다는 Gould(1978)의 성인발달 이론과 일치하고 있다(백승관, 2003). 그러나 그의 연구결과는 교사의 교직발달단계를 제대로 설명하지 못하고 있다. 그 이유는 발달기간을 교직 입문 후 5년, 5년 이후로 구분하여 기술하고 있다는 데 있다. 일반적으로 교사의 평균 교직기간이 그 이상인 점을 감안하면 5년 이후의 기간의 변화를 간과하고 있다는 것이다.

이와는 달리 Steffy 등(2000)은 교사발달단계를 선행단계, 전문가(숙련자)단계, 쇠퇴단계, 재생단계, 퇴임단계 등으로 구분하여 Burden과는 달리 교사발달단계를 교사 입문 후 퇴직까지의 기간을 설명하고 있다. 또한 이러한 단계가 개인과 조직의 환경에 의해 반복적 혹은 순환적, 불규칙적으로 나타날 수도 있다는 점을 밝히고 있다.

그에 따르면 선행단계의 교사들은 새로 임용된 교사들로서 이상적·창의적·열정적·성장지향적이며 새로운 이론이나 변화를 수용하는 데 있어 개방적이라는 것이다. 전문가단계의 교사들은 학급을 잘 통솔하며 자신의 직무를 통해 이상을 실현한다. 쇠퇴단계의 교사들은 불평, 불만, 지각, 결근 등과 같은 행동을 드러낸다. 재생단계의 교사들은 교직 수행과 관련된 대부분의 영역에서 다시 성장지향적 활동을 전개하려는 행동을 보인다. 마지막으로 퇴임단계의 교사들은 교직에 회의를 느끼거나 적성에 맞지 않는다고 판단하여 교직을 그만두려고 한다는 것이다.

Burke, Chirstensen 그리고 Fessler 등(1984)은 기존 교사발달과 관련된 연구들을 종합하여 교사발달이 개인적 환경뿐만 아니라 조직환경에 의해서도 영향을 받는 순환적인 단계를 거치는 것으로 주장하고 있다. 그들은 교사발달 단계를 8개의 과정으로 설명하고 있다. 첫째 단계는 교직입문단계로서 교사가 학교현장에서 일상적인 활동에 익숙해져 가는 기간을 의미한다. 둘째 단계는 능력형성 단계로서 교수기술과 능력을 향상시키기 위해 새로운 교수자료, 교수 방법 및 수업전략을 추구하는 시기이다. 셋째·넷째 단계는 열정·성장 단계로서 교사들이 높은 능력 수준에 다다른 후에도 계속적으로 전문성을 향상시키기 위해 노력하는 시기를 의미한다. 다섯째 단계는 직업적 좌절단계로서 교직에 대해 좌절감과 회의를 느끼는 시기이며, 탈진현상(burn-out)이 나타나는 시기이기도 하다. 여섯·일곱째 단계는 안정·침체 단계로서 안정감을 찾아가는 시기이며, 또한 교사들이 수월성이나 성장·발달을 추구하기보다는 현실안주 또는 현상유지에 머무르려고 하는 시기이다. 여덟 번째 단계는 쇠퇴·퇴직단계로서 교사들이 교직을 떠나려고 준비하는 시기와 교직을 떠나는 시기를 의미한다.

그러나 이러한 외국의 교사발달 연구들은 교육의 제도적, 문화적 등의 차이로 인하여 우리의 상황과는 다른 양상을 보일 것으로 기대된다. 이와 관련한 국내 연구들을 연도별로 정리하면 <표 1-2>와 같다.

**표 1-2** 교사발달과 관련한 국내 연구

| 연구자 | 대 상 | 연구결과 |
|---|---|---|
| 신인숙<br>(1991) | 중·고등<br>학교 교사 | • 교직경험은 경력에 따라 특징적 모습<br>• 교직경험에 따라 역할 갈등 수준 상이함 |
| 이난숙<br>(1991) | 초·중등<br>학교 교사 | • 양성단계－형성단계(1~4년)－성장단계(5~10년)－성숙단계(11~20년)－원숙단계(21년 이상)의 5단계로 발달<br>• 경력 15년~20년 동안 계속 발달 |
| 최상근<br>(1992) | 초·중등<br>학교 남교사 | • 초등교사: 생존단계(0~3년)－재평가단계(13~15년)－평정단계(17~20년)<br>• 중등교사: 생존단계(0~3년)－재평가단계(4~6년)－평정단계(8~13년)－침체단계(14~16년)－보수주의단계(17~20년) |
| 여태전<br>(1994) | 고등학교<br>교사 | • 불확실성에 거는 기대－과잉정열과 시행착오－헤엄치기－가라앉기(갈등회피)－쓸쓸한 마음 비우기의 5단계로 발달<br>• 교사의 자기성찰을 통한 거듭나기 필요 |
| 유관숙<br>(1997) | 초등학교<br>40대 여교사 | • 기능기－적응기－회의기－능력추가기－능력인정기－재도약기 |
| 박찬주<br>(2002) | 초·중등<br>학교 교사 | • 초등교사의 경우 중등교사에 비해 발달단계가 더욱 다양하며 발달단계에 따른 기간도 일정하지 않음<br>• 초등교사: 교직이전단계－교직입문단계(1~6년)－능력구축 및 성장단계(4~15년)－도약 및 능력 발휘기(11~20년)－안정침체단계(19~30년)<br>• 시련 및 갈등단계는 교직 초기부터 경력 30년까지 교직 전기간에 걸쳐 나타남<br>• 중등교사: 교직이전단계－교직입문단계(1~5년)－능력구축 및 성장단계(3－10년), 시련 및 갈등단계(5~13년)－성숙기(9~13년) |
| 윤홍주<br>(1996) | 예비교사 | • 생존단계－성장단계－성숙단계－승진지향단계 및 직업적 좌절단계－안정침체단계－쇠퇴기 |

위의 연구 내용을 토대로 교사들의 발달과정과 이에 따른 교육과정 관심수준과의 관계를 정리해보면 다음과 같다.

첫째 단계는 혼란 단계로서 교직에 입문한 교사들이 교직경험을 쌓아가는 시기이다. 이 시기의 교사들은 교직 경험이 없기 때문에 학급 운영 및 업무수행에 갈등과 혼란을 겪으며, 이론과 실제의 괴리감을 느낀다. 또한 확고한 교직관이 없고 체계적으로 가르치기보다는 교사의 열정과 상황에 따라 가르친다. 이 단계에서 교사들은 교사 양성 기관에서 획득한 교육과정 지식과 현실과의 괴리감을 느끼게 된다. 더불어 경험의 부재로 오는 수업과 업무의 압박감으로 인하여 교육과정에 대한 관심을 오히려 감소하게 되는 시기이다.

둘째 단계는 성장단계로서 교사들은 비교적 높은 수준의 지적 능력과 경험을 갖추게 된다. 그리고 추진력과 소속감이 증가하여 학생을 대할 때도 자신감을 갖는다. 이 단계에서 교사들은 경험이 가지는 한계를 느끼는 시기로서 다시 교육과정에 관한 관심으로 되돌아오는 시기이다.

셋째 단계는 안정단계로 교사들이 자긍심이 강해지면서 학생과의 관계, 평가방법, 광범위한 목표의 이해에 더 많은 관심을 기울인다. 이때 교직생활에 만족을 느끼게 되며, 학교조직과 학교 운영의 기법이 내면화되고 자기 연찬의 기회도 가지려 한다.

안정단계의 다음단계에 이르러 승진에 성공한 승진지향단계와 좌절단계로 갈라지게 된다. 승진지향단계의 교사들은 장학사, 연구사, 교감 승진 등에 관심을 보이며, 가치관과 태도도 안정이고 신념 또한 확고해진다. 그러나 좌절단계의 교사들은 교직에 대한 회의감을 갖고 좌절감을 느낀다. 또한 교직의 전문성 향상에 무관심해지며 학교 교육활동에도 적극적으로 참여하지 않는다.

다섯째 단계는 안주·침체의 단계로서 교사들은 교직에 대한 활력과 정력이 감소하게 된다. 그러나 교직에 대한 자긍심을 느끼며 교실에서 안정감을 느낀다.

마지막 쇠퇴단계는 교직생활을 회고하며 은퇴를 준비하는 시기이다.

이와 같이 교사발달에 관한 연구는 교직 생활기간 동안 변화하는 교사의 가치관, 신념, 지식 등을 성인발달 혹은 인지발달의 과정에 비추어 분석하고 있다. 교사의 발달단계에서 교육과정 지식의 발달은 주로 혼란 단계(입문 단계)에서 성장 단계로 전개되는 과정에서 이루어진다. 대부분의 교사들이 교육과정에 관심을 갖는 이유 중의 하나는 교실 상황(교육과정 실행 과정)에서 부딪히는 문제 해결에 한계를 느낄 때 외부의 도움을 얻고자 하며, 이때 선택하게 되는 것이 교육과정과 관련한 지식이라는 것이다(한국교육개발원, 2002).

그러나 이러한 교육과정 관련 지식은 실제적이기보다 이론적이며, 주로 문서화된 교육과정 관련 자료들 역시 방법적 측면에서 다루어지는 경우가 많다. 따라서 교육과정 실행 과정에서 발생되는 일련의 문제 상황에 대하여 관련 지식이나 자료들은 구체적인 해결책을 제시해주지 못하는 경우가 허다하다. 설령 문제 상황과 관련한 교육과정 이론이나 자료들이 제공된다 하더라도 교사들은 이론이나 자료가 가진 일반적이고 보편적인 의미를 상황에 맞는 구체적인 방법으로 이끌어내지 못하는 한계를 드러내기도 한다. 이러한 상황과 관련하여 교사들은 이를 이론이 가진 한계라고 치부하거나, 이론과 실제의 차이를 예로 들면서 이론의 가치를 폄하시키기도 한다. 그러나 이론이 실제를 기반으로 보편적이고 일반적 논리나 원리를 밝힌 것이라는 관점에서 보면, 실제 교육과정 관련 문제 상황 해결에 있어 이론의 중요성은 재조명될 필요가 있다.

## 3 교사발달 과정과 교육과정 인지

### 1) 인지를 형성하는 교육과정 지식의 유형

지식이란 무엇인가, 무엇을 지식으로 볼 것인가와 관련한 질문에 대해 우리는 어떠한 대답을 할 수 있을까? OECD 보고서에서는 지식을 사실적 지식(know-what), 원리적 지식(know-why), 방법적 지식(know-how), 인간적 지식(know-who)의 네 가지 유형으로 분류하고(OECD, 2000) 각각의 유형에 대해 다음과 같이 설명하고 있다.

먼저 사실적 지식이란 데이터로 환원될 수 있고 부호화된 형태로 교류가 용이한 정보 수준의 지식을 말하며, 원리적 지식이란 자연과 인간과 사회에 대한 원리적, 법칙적 지식으로서 부호화된 형태로 외연화하여 잠재적으로 공유된 지식을 말한다. 이러한 지식은 체계화된 학문적 지식을 기반으로 하고 있으며 원리적 지식에 대한 접근은 전문가에게 제한되어 있다.

방법적 지식은 무엇인가를 할 수 있는 실행 기술로서, 단순 노동의 차원만이 아니라 고도의 판단 능력에서도 드러나는 직관이 작용하는 기술을 말하며, 실천적 경험을 통해서만 학습될 수 있고 부호화하여 공유화하는 데에 가장 제한점이 많은 지식 유형이다. 인간적 지식이란 공동체 구성들의 능력에 대한 지식일 뿐만 아니라 서로 다른 수행 능력과 지식을 가진 인간 간의 협동적 관계 맺음과 유연한 의사소통을 통하여 공동의 목표를 실현할 수 있는 기술을 포함하는 지식으로서 이 또한 외연화와 전달이 쉽지 않다. 이러한 지식의 유형 구분은 종종 지식기반 사회가 요구하는 인간이 갖추어야 할 지식을 유목화하는 데에 사용되며, 학교교육의 목표를 논의하는 데 직·간접적으로 영향을 미치고 있다(이돈희 외, 1999).

이 글에서는 위의 지식에 관한 분류를 전제로, 지식의 성격과 관련하여 지식의 유형을 ① 지식과 정보 ② 명제적 지식과 방법적 지식 ③ 명시적 지식과 암묵적 지식으로 분류하여 논의하였다.

### (1) 지식과 정보

지식의 유형은 일반적으로 지식과 정보라는 다른 성격의 유사한 개념으로 나눌 수 있다. 지식과 정보란 용어는 흔히 같이 사용되면서 같은 개념으로 거의 동의어로 사용되는 경우가 많다. 그러나 두 용어의 의미는 상당히 다른 것이며, 다르게 사용되어야 한다.

지식과 정보란 용어를 우리가 혼용하여 쓰면서도 그러한 혼용에 대해서 저항을 느끼지 않는 이유는 이 두 용어 간에 어느 정도 공유되는 의미가 있기 때문이다. 그것은 이 두 용어가 모두 앎이란 의미를 지니고 있기 때문이다. 지식도 무엇인가를 알고 있음을 의미하는 용어이고, 정보도 무엇인가에 대한 앎을 나타내는 용어인 것이다. 이 두 용어의 의미를 이와 같은 피상적 수준에서 생각하면 지식과 정보라는 말은 같은 개념을 나타내는 동의어라고 볼 수 있다.

그러나 좀 더 심층적인 수준에서 보면 이 용어 간에는 현저한 개념상의 차이가 존재한다. 이 두 개념의 가장 근본적인 차이는 이 두 개념이 '체계', '구조', '맥락'이라는 개념들과 관계되는 양상의 차이로부터 유래한다. 기본적으로 지식은 체계로서 존재하고, 구조로서 존재하며, 맥락 안에서 존재한다(장상호, 2000). 체계를 떠난 지식, 구조를 벗어난 지식, 맥락에서 이탈된 지식은 지식으로서의 본질적인 의미와 성격을 상실한다. 그러므로 그러한 지식은 진정한 의미의 지식이 아닌 것이다. 이러한 의미의 체계와 구조, 그리고 맥락을 떠난 지식, 그리하여 다른 지적 요소들과의 인지적 관계의 망에서 벗어난 단편적, 파편적 지식이 바로 정보인 것이다. 그러므로 지식이란 것이 특정 맥락 안에서의 '체계적 앎', '구조적 앎', '맥락적 앎'을 의미하는 것이라면 정보란 '개체적 앎', '낱낱의 앎'이라고 할 수 있다.

지식이 어떠한 형태로건 조직된 체계성이나 구조성을 띤다는 사실은 지식의 성격을 이해하는 요소로서 핵심적인 사항이다. 예컨대 어느 학생이 나무라는 용어 또는 개념에 대해서 지식을 가지고 있다고 하는 것은 나무라는 것에 대한 단순한 인상이나 단편적인 생각을 가지고 있다는 것을 의미하는 것이 아니다. 나무라는 것을 하나의 요소로 포함하는 더 큰 인식체계와의 관계를 통해서 나무를 이해하고 있을 때 우리는 나무에 대해서 지식을 가지고 있다고 말할 수 있는 것이다.

지식이 맥락성을 띤다는 사실 또한 지식의 성격을 이해하는 요소로서 중요한 사항이다. 단편적인 지식을 나타내는 개별적인 문장이나 용어의 의미는 전체적인 사상의 맥락 내에서만 확보될 뿐만 아니라 그것이 어떠한 맥락에서 파악되느냐에 따라 전혀 다른 의미를 지니게 되기 때문이다. 예컨대 '빛'이란 용어의 의미는 물리학에서의 의미와 종교에서의 의미와 예술적 맥락에서의 의미가 서로 다르다. 즉, '빛'이란 용어의 개념을 다원적인 맥락에서 비추어보지 않고는 이 개념이 지니는 의미의 포괄성을 파악할 수 없게 된다. 이러한 의미에서 지식은 맥락을 떠나서는 존재할 수 없는 것이다. 맥락과 체계에 대한 충분한 배려와 검토 없이 떠돌아다니는 지식, 개념적인 관계와 맥락적 의미의 근거가 단절된 단편적인 요소들, 그것이 바로 정보인 것이다(허경철 외, 2001).

또한 지식과 정보는 그것이 학습자의 내면적 상태와 관계되는 양상의 차이를 중심으로 정의되기도 한다. 아무리 근사한 지식이 개인 외부에 자료로서 주어진다 하더라도 그것이 개인에게 이해되지 않는 한 그것은 지식이 아니라는 것이다. 따라서 장상호(2000)는 지식이란 그것을 소지한 사림의 인식 체계의 맥락 속에서 재해석되어야 하며 그러한 의미에서 '아무리 교과서적 지식이 체계성을 가지고 있다고 할지라도 학생들이 구조로서 그 지식을 파악하지 않는 한 그것은 지식이라고 할 수 없다'라고 주장하고 있다. 그는 또한 '교과서나 교사에게는 아무리 체계적인 지식이라도 그것이 학생의 내부에서 의미상의 통합성이 없는 방식으로 존재한다면 그것은 하나의 정보에 불과하다'라고 말함으로써 지식과 정보를 구분하고 있다. 그러나 다른 한편으로 지식은 정보의 제공없이 이해되기 어려우며 지식은 단편적인 정보의 조각들에 의하여 해석되고 이해된다는 점에서 정보는 이해의 전단계로서 존재하는 형태로서 지식의 형성에 기초, 토대가 되는 재료라고 할 수 있다. 또한 교사의 지식에 대한 이해가 선행되었다 하더라도 가르치는 과정(교수의 과정)에서 방법의 문제(언어적, 교수기법적 문제)로 인하여 학습자에게 정보의 형태로 가르칠 수 있다는 점을 간과해서는 안될 것이다. 이와 같은 입장은 김태완(1999)의 주장에서도 나타난다. 그에 의하면 '내 지식을 누구에게 전해줄 때 그것은 나에게는 지식이지만 다른 사람에게는 정보이다. 다른 사람이 그것을 소화해서 또 다른 사람에게 전해줄 때 그것은 그 사람에게는 지식이 되고 그것을 받은 다른 사람에게는 정보가 된다.'

결론적으로 지식은 체계와 구조와 맥락으로서 존재하며, 정보는 맥락을 알 수 없는 단편적인 인식의 단위로 존재한다는 것이다. 그리고 지식도 학습자의 내부에서 구조나 체계로서 존재하지 못하면 더 이상 지식으로서가 아니라 정보로서 존재한다는 것이다. 이 말은 지식의 존재양식이 외부에서는 정보의 형태로, 그것이 내부로 들어와 개인의 경험과 이전 지식과 결합되어 내면화되었을 때 지식의 형태로 존재한다는 의미로 해석될 수 있다.

### (2) 명제적 지식과 방법적 지식

지식의 또 다른 유형은 명제적 지식과 방법적 지식으로 구분된다. 명제란 언어심리학적으로 '하나의 독립된 의미의 단위'로서 문장으로 표현되는데 일반적으로 하나의 문장은 하나 이상의 명제를 포함한다.

전통적으로 지식은 사물에 대하여 명제의 형태나 체제로서 아는 것을 의미하였다. 지식에 대한 이러한 생각은 오늘날에도 일반적으로 통용되고 있는 것으로서 대부분의 사람들은 지식을 '말이나 글과 같은 언어로 표현된 앎과 관계되는 그 무엇'으로 생각하고 있다. 즉, 지식을 명제로서 이해해왔던 것이다. 그러나 물론 모든 명제가 다 지식으로 간주된 것은 아니다. 어떤 명제가 지식으로 간주되기 위해서는 그 명제의 내용이 몇 가지 조건을 만족시켜야만 했다. 그러한 조건들을 Scheffler(1965)는 지식에 대한 전통적 표준 분석으로 불리는 플라톤의 세 가지 요소(진리, 신념, 정당화)에 근거하여 진리조건, 신념조건, 증거조건의 세 가지로 기술하고 있다.

진리조건이란 명제의 내용이 사실(진리, 참)이어야 한다는 것이며, 신념조건이란 그 명제를 말하는 사람이 그 명제의 내용을 확신하여야 한다는 것, 믿고 있어야 한다는 것이다. 그리고 증거조건은 명제의 내용이 사실이라는 주장의 타당한 근거를 제시할 수 있어야 한다는 것이다. 명제의 내용이 위의 세 가지 조건을 만족시키는 경우만 명제의 내용이 '정당화된 옳은 신념'으로 인정될 경우에만 그 명제의 내용은 지식이 되는 것이다. 그리고 바로 이러한 지식이 명제로 표현되었을 경우 그러한 지식을 명제적 지식이라고 한다. 반복하여 말하면, 명제적 지식이란 '명제의 형식으로 표현된 지식' 또는 '지식을 명제로 표현한 것'을 의미한다. 명제적 지식은 '이론적 지식', '관조적 지식', '명시적 지식' 등 맥락에 따라 여러 가지 다른 이름으로 불리기도 한다.

사람들은 지식을 주로 명제적 지식, 사물에 대하여 무엇인가를 아는 것(know that)을 명제로 표현한 지식으로 파악하여 왔다. 그러나 영국의 철학자 라일은 '안다'는 말이 언어적으로 쓰이는 방식을 분석하여 명제적 지식과 함께 방법적 지식(know how)이라는 용어를 고안하고 지식이라는 말을 명제에만 한정하지 않고 능력과 기능에도 적용하였다. 그는 우리가 흔히 지식으로 한정지었던 '무엇을'에 해당하는 지식(know-that)이 인간에게 가능한 인식 형태의 전부가 아니며 실천적으로 나타나는 '어떻게'에 해당하는 방법적 지식(know-how)의 실재성을 강조하였다. 그리하여 라일은 명제를 아는 것을 지식으로 간주한다면 방법을 아는 것도 지식으로 보아야 한다고 주장하고 방법, 능력, 기능과 같은 것들을 방법적 지식이란 개념으로 범주화하였다. 그가 과거의 철학자들과 다르게 방법적 지식을 지식의 한 종류로서 인정하였다는 점은 새로운 발상이라고 할 수 있다.

라일은 방법적 지식도 지식이라는 입장을 주장하였지만 방법적 지식은 명제적 지식과는 그 성격이 다른 유형의 지식으로서 이 두 종류의 지식은 그것이 지지되는 이유가 각각 다르다고 보았다. 예를 들어 '나는 지구가 둥글다는 것을 안다'라는 명제적 지식에 대해서 '지구가 둥글다는 것을 믿느냐'와 같은 질문은 적절하다. 그러나 '지구가 둥글다는 것을 할 수 있느냐'와 같은 질문은 적절하지 않다. 한편 이와 마찬가지로 '피아노를 연주할 줄 안다'라는 방법적 지식에 대하여 '피아노를 연주할 수 있느냐'와 같은 질문은 적절하다. 그러나 '피아노를 연주하는 것에 대한 믿음을 가지고 있느냐'와 같은 질문은 부적절하다. 이러한 논거를 들어 라일은 지식을 위와 같이 두 종류로 구분해야 함을 주장하였고, 수많은 지식 가운데 분석철학적인 관심의 대상이 될 만한 지식의 영역을 찾으려고 노력하였다.

방법적 지식의 상당 부분들은 명제적 지식으로 기술될 수도 있다. 이 많은 방법적 지식의 상당 정도는 명제적 지식의 습득을 통해서 얻어질 수 있음을 의미한다. 예컨대 피아노를 칠 줄 안다는 방법적 지식을 습득하기 위하여 우리는 피아노를 치는 법과 관련된 여러 종류의 개념, 규칙, 절차, 처방, 원리의 내용을 명제로 표시할 수 있다. 그리고 이렇게 피아노를 잘 치는 것과 관련하여 명제의 형식으로 표현된 개념, 규칙, 원리 등은 명제적 지식이라고 할 수 있다. 이 경우 명제적 지식은 피아노를 치는 것과 관련된 방법적 지식의 구성적 요소가 된다. 이러한 방법적 지식은 '절차적 지식', '실용적 지식', '수행적 지식', '실천적 지식' 등 여러 이름으로 불려진다.

Oakeshott(1967)의 경우도 모든 참된 지식은 수행할 수 있는 능력으로 나타나며 그것을 이루는 구성요소로서 정보(information)와 판단(judgement)을 구분하고 각자 논의하고 있다. 그에 따르면 정보의 요소는 명시적인 것으로 외현화되는 것인 반면, 판단의 요소는 인식 주체에게 암묵적으로 내면화되는 것이기에 좋은 모범을 보이는 방식에 의지해서만 전수할 수 있다고 보았다.

명제적 지식이 방법적 지식의 구성요소가 되기는 하나 방법적 지식의 모든 부분이 명제적 지식으로 환원될 수 있는 것은 아니다. 방법적 지식의 가장 두드러진 특징은 그 지식이 행위 속에서 있으며 그 내용이 모두 언어로 표현할 수 없다는 점에 있다(장상호, 2000). 따라서 방법적 지식이 언표화될 수 없는 부분은 명제로서 표현될 수 없으며, 이러한 부분은 말이나 글로서 가르쳐질 수가 없는 것이다.

교수의 과정에서 가르칠 대상은 명제적 지식의 형태를 띠고 있으며, 이러한 명제적 지식은 방법적 지식을 통하여 명제적 지식과 방법적 지식의 합 이상의 의미로, 혹은 명제적 지식 이하의 의미로 학습자에게 전달되어진다. 지식과 정보의 차이는 전술한 바와 같이 학습자 내부의 경험과 이전 지식의 결합 정도의 차이이며, 따라서 정보의 수준으로서의 명제적 지식이 학습자에게 지식으로 전환되기 위해서는 교사의 가르치는 내용에 관한 지적 이해가 선행되어야 함은 물론 방법적 지식에 관한 이해 역시 필수적이라는 것이다. 사실에 대해 안다고 하는 의미는 단순히 사실을 기억한다고 하는 것을 의미하지 않는다. 사실을 안다고 할 때의 앎이란 사실에 대한 증거(논리적 근거 등)와 믿음, 정당화 과정을 통하여 이해된 상태를 의미한다고 보면, 사실을 가르치는 교사에게는 그 사실에 관한 논리적 근거와 증거, 믿음, 정당화할 수 있는 지식과 이를 전달할 방법적 지식이 요구된다는 것이다. 즉, 교사의 지적 수준만큼, 교사의 이해 수준만큼만 학생들에게 가르칠 수 있게 되는 것이다.

### (3) 명시적 지식과 암묵적 지식

지식의 명시적 부분이란 명제로서 언어화할 수 있는 부분을 의미하고 암묵적 부분이란 명제로서 언어화할 수 없는 부분을 의미한다. 그리하여 우리가 그 모든 부분을 충분히 언어화할 수 있다고 생각하던 명제적 지식도 그 이면에는 언어로 표현할 수 없는 특수한 세부 항목들, 즉 암묵적 부분들이 들어있으며 바로 그러한 부분들이 모종의 통합성을 가지게 됨으로써 명제적 지식은 성립된다고 본다. 그 예로 작가(또는 학자)가 자신의 경험, 자신의 인생관과 철학, 신념 등을 토대로 특정 현상(삶에 대한 이야기, 담론 등)을 글로써 설명했을 때 이는 명시적 지식으로 분류되나 글 속에는 작가(학자)의 인생관, 철학, 신념 등의 암묵적 지식이 내재되어 있는 것이다. 특히, 방법적 지식은 명제로서 표현할 수 없는 암묵적 부분이 훨씬 더 중요한 부분을 차지하고 있다고 볼 수 있다. 장인들의 손에서 느껴지는 경험에서 오는 손맛, 이런 방법적 기예에는 우리 눈으로 볼 수 없는 암묵적 지식이 스며들어있다.

이와 같이 모든 종류의 지식이 명시적 부분과 암묵적 부분으로 이루어져 있다는 사실은 지식이 중요한 특징이나 성격으로 볼 수도 있고 지식의 구조로도 볼 수 있다. 또한 명제적 지식을 구성하고 있는 명시적 부분과 암묵적 부분 중에서 명시적 부분을 추출하고 이와 마찬가지로 방법적 지식 중에서 명시적 부분을 추출한 후 이 두 명시적 부분을 합하여 '명시적 지식'이라고 부를 수도 있다. 그리고 이와 동일한 논리로 명제적 지식의 암묵적 부분과 방법적 지식의 암묵적 부분을 합하여 '암묵적 지식'이라고 부를 수 있다.

이러한 지식의 암묵적 측면, 즉 암묵적 지식을 Polanyi(1958)는 '개인의 신체 내부에 있는 체험 구조'라고 말한다. 그리고 이러한 체험 구조는 말로 표현할 수도, 전달할 수도 없는 언어의 경계를 뛰어넘어 존재하는 것임을 강조한다. 그리하여 이러한 암묵적 지식의 전달은 오로지 체험을 통해서만 가능하다고 주장한다. 암묵적 지식의 이러한 특징 때문에 암묵적 지식은 '묵지적 지식', '인격적 지식', '개인적 지식', '유기체적 지식'이라고 불린다. Polanyi의 이러한 입장은 Schen(1983)에 의해서도 지지된다. Schen은 인간 활동의 모든 분야에서 중시하는 전문성은 명제적 지식의 응용만으로는 불가능하고, 그때 그때의 구체적인 실천의 맥락에서 반성과 연습을 통해 체득된다는 사실을 강조한다.

Oakeshott(1962)는 이러한 입장을 더욱 명료화하여 방법적 지식을 '기법적 지식(technical knowledge)'과 '실천적 지식(practical knowledge)'으로 구분한다. 여기서 그가 말하는 기법적 지식이란 규칙의 형태로 명문화될 수 있는 것으로서 자동차 운전법에 있어서의 교통 법규나 요리기술에 있어서의 요리책에 제시되어 있는 요리 규칙(recipe) 등 명문화된 언어적 처방으로서 말로서 배울 수 있는 지식을 의미한다. 이에 비해 실천적 지식은 규칙의 형태로 명문화될 수 없으며, 이론적 성찰의 대상도 될 수 없고, 오직 사용되는 과정을 통해서만 그 존재가 드러남으로써 실천을 통해서만 습득될 수 있는 지식을 의미한다.

교과는 언어로 쓰여져 있으며 명시적 지식의 형태로 제시되어 있다. 그러나 제시된 방식이 명시적 형태라 하여 그 형태 그대로 학생들에게 가르친다면 이 지식은 그 내재된 암묵적 지식을 전달하지 못하는 '죽은 지식'으로 남게 되며, 학생들은 명시적 지식을 자신만의 방식으로 기억하는 것으로 학습을 다했다고 생각할 가능성이 높다. 교사가 교과를 가르친다는 것은 눈에 보이는 명시적 부분과 보이지 않는 암묵적 부분을 동시에 전달한다는 것이다. 이 과정에서 교과의 내용은 살아있는 형태로 학생의 마음에 내면화될 수 있는 것이다. 사랑, 행복, 기쁨 등의 개념을 배운다는 것은 그 단어의 의미를 기억(명시적 부분의 기억)해서 아는 것이 아니라 그 의미를 이해하고 직·간접적으로 마음으로 느끼는 경험(암묵적 부분의 전수)을 하게 될 때 배웠다고 말할 수 있다는 것이다.

과연 얼마나 많은 교사가 명시적 부분과 암묵적 부분을 동시에 가르치고 있는가' 만약 이를 실천하는 교사가 있다고 한다면 그 교사는 뛰어난 수업 능력을 갖춘 좋은 교사이자 효과적인 교사인 것이다.

요즘 다양한 수업기술을 활용한 효과적인 전달 기술을 갖춘 교사이자, 많은 내용을 기억하는 교사, 많은 수업방법을 아는 교사가 효과적인 교사로, 좋은 교사로 회자되고 있다. 그러나 이러한 다양한 기술과 방법을 갖추고도 교과의 암묵적 지식의 내용을 이해하지 못한다면, 혹여 이해하고 있다 하더라도 이를 전달할 수 있는 능력을 갖추지 못하고 있다면 그는 효과적인 교사 or 좋은 교사라고 말할 수 없다. 오히려 정보를 잘 기억하게 하는 능력을 갖춘 교사로 이해되어야 하는 것이 타당하다. 혹자는 정보를 많이 기억하게 하는 것도 학습에 있어 중요한 부분 중의 하나가 아닌가?, 암묵적 지식도 명시적 지식을 토대로 하고 있지 않은가? 따라서 정보를 효과적으로 전달하는 능력을 갖춘 교사도 효과적인 교사라고 부를 수 있지 않겠는가? 라고 반문할 수도 있을 것이다. 그러나 정보를 효과적으로 가르치는 것은 약간의 기술만 가지고도 할 수 있는 낮은 수준의 방법적 기술로 학원강사, 과외 교사들이 주로 가진, 교사교육을 받지 않고도, 전문적 교수 과정을 거치지 않고도 할 수 있는 기교이다. 이런 기교를 갖추었다고 해서 효과적인 교사, 심지어 좋은 교사라고 말할 수 있겠는가?

## 2) 개인적 지식의 정서적 측면과 지식의 탐구 구조

### (1) 개인적 지식의 정서적 측면

우리는 일반적으로 지식은 인지(認知)의 산물인 것으로 생각한다. 지식이 우리의 정신적 능력 중에서 특히 인지(cognition)라고 부르는 특수한 정신 능력, 즉 지적인 능력의 산물임에는 틀림없다. 그러나 인간의 모든 산출물이 어느 특수한 하나의 능력만의 결과가 아니듯이 지식 역시 인간의 지적 능력의 산물은 아닌 것이다. 그것은 인간의 지적 능력과 정의적 능력, 그리고 신체적 능력이 공동으로 작용한 인간 능력의 산물인 것이다. 그러므로 우리가 지식의 생성과 관련되는 문제를 고려할 때는 생성과 관련되는 모든 인간 능력들을 포괄적으로 고려하는 종합적 안목이 필요하다. 따라서 본 절에서는 지식의 정의적 측면, 지식과 정서와의 관계에 대하여 기술하고자 한다.

대체로 지식은 그것이 참조하고 있는 실제에 대한 다소의 정서적 태도를 포함한다. 왜냐하면 지식이란 일반적으로 한 개인의 욕구와 호기심에서부터 그 대상으로의 특정한 방향으로 사고가 진행된 결과 생긴 것이기 때문이다. 동기, 욕구, 호기심 같은 정의적 요소의 지원 없이 어떠한 지식도 만들어질 수 없는 것이다. 이와 같이 정의적 요소는 지적 능력이 발동되기 위한 원인을 제공하고, 발동된 지적 활동이 계속될 수 있는 힘을 제공한다는 점에서 지식, 특히 지식의 생산과 관계되어 있다.

또한, 일반적으로 지적 능력은 감정이 고조되어 있는 상태에서 가장 잘 작동한다. 그리고 감동 없이는 어떠한 새로운 지식도 만들어지지 않는다. 이러한 과정을 통해 내면화된 어느 한 사람이 지니고 있는 진정한 지식은 그 사람의 자존심의 근거가 되기도 한다. 이렇듯 지식은 인간의 정서(특히, 감정)와 밀접한 관련을 맺고 있다.

지식과 감정과의 관계를 보다 깊이있게 파악한 사람은 Polanyi(1958)로서 그는 지식이 발견, 확장되는 현상을 설명하기 위해서 열정(熱情)이라는 개념을 도입하였다. 그는 지식이 발견, 생성, 확장되기 위해서는 열정이라는 감정이 반드시 필요하다고 주장하였는데 이러한 열정은 '발견적 열정(heuristic passion)'과 '설득적 열정(persuasive passion)'으로 구분된다. 여기서 발견적 열정이란 어느 개인이 현재 가지고 있는 지식수준과 그 다음 단계의 지식수준 사이에 개재되어 있는 감정적 에너지로서 이것을 기반으로 그는 더 높은 지식 체계를 추구할 수 있게 된다. 한편 설득적 열정이란 보다 높은 수준의 지식을 가지고 있는 사람이 보다 낮은 수준의 지식을 가지고 있는 사람의 지식수준을 높게 하려는 데 동원되는 감정적 에너지를 의미한다. 이러한 발견적 열정과 설득적 열정이 존재하지 않는다면 지식 추구의 노력과 지식 전달의 노력이 부재하게 됨으로써 종래에는 지식의 생성, 발견, 확장 작업이 이루어지지 않게 된다.

이렇듯 인간의 심리적 발달에 따른 앎의 욕구(지적 욕구)는 지식의 생성과 발견, 확장에 또 다른 요인으로 작용된다. 따라서 지식 교육에서 오직 인지적 측면만을 고려하여 수업이 이루어진다면 지식교육에서 보다 중요시해야 할 핵심적인 요인을 결핍한 수업이 될 것이다. 따라서 지식이 지니는 정서적 측면은 앞으로의 지식교육에서 깊이 유념해야 할 사항인 것이다.

이외에도 개인의 외재적 목적 달성을 위한 수단적 방법으로 지식수준을 높이는 경우, 삶 속에서 부딪히는 문제를 해결해 본 경험을 통하여 지식수준이 높아지는 경우도 있으나 본 절에서는 교육적 상황에서의 지식 확장과 관련된 요인 중 지식의 대상(내용)만을 다루고 있다.

### (2) 개인적 지식의 탐구 구조와 인지

지식은 제기된 문제에 대한 해답이다. 제기된 문제에 대한 해답으로서의 지식은 탐구라는 지적 활동에 의하여 얻어진다. 제기된 문제에 대한 해답을 얻기 위해서는 탐구자는 자료(data)를 수집한다. 물론 자료는 아무렇게나 수집되는 것이 아니다. 자료는 문제에 답하기 위한 수단으로서 수집된다. 그리하여 문제의 종류에 따라 서로 다른 종류의 자료가 서로 다른 방식이나 방법으로 수집된다. 그리고 수집된 자료는 탐구의 목적에 적합한 방식으로 해석된다. 해석된 결과 중에서 지식의 조건에 부합된 결과가 바로 우리가 지식이라고 부르는 앎의 단위인 것이다 (Schwab, 1978).

비록 자연과학에 한정되어 기술된 내용이긴 하지만 앞서 제시한 Schwab의 탐구 과정을 분석해보면 그 안에 존재하는 몇 가지 기본적인 요소를 발견할 수 있다. 우선 지식 생성의 단초가 되는 문제라는 요소가 있다. 모든 지식은 문제로부터 연유되는 것이다. 제기된 각각의 문제들은 자신에게 가장 적합한 자료와 자료 수집방법이 있다. 그리고 수집된 자료를 자신에게 가장 적절하게 해석하는 해석방법이 있다. 그러므로 탐구의 과정은 문제, 자료, 자료수집방식, 해석방법이라는 요소 및 이들의 관계로 구성되는 소위 탐구의 구조를 지닌다.

그러나 좀 더 자세히 보면, 문제가 모든 지식의 원초적인 근원지는 아니다. 왜냐하면 탐구를 유발하는 문제는 외부에서 자연적으로 주어지는 것이 아니라 탐구자의 주관적이고 의도적인 복잡한 내적 과정을 거치면서 발견, 형성되는 것이기 때문이다. 일반적으로 볼 때 문제가 결정되기 이전에 이미 탐구 영역에 대한 탐구자의 기호와 취향 그리고 모든 현상에 대한 그의 전반적인 태도와 이해 및 형이상학적 관점이 자리잡고 있다. 한마디로 문제를 잉태시킨 탐구자의 주관적 요소가 내재하고 있는 것이다. 이렇게 보면 지식의 탐구과정은 문제의식, 문제, (수집할)자료, 자료수집방법, (수집한)자료 및 자료해석방법의 6가지 요소로 구성된 구조라고 볼 수 있는 것이다. 그리고 이러한 구조는 지식 그 자체의 구조라기보다는 지식을 생성시키는 탐구의 과정에 대한 구조로서 이러한 탐구 구조에 대한 이해는 지식 생성 교육에 중요한 시사점을 제공한다.

이와 같은 Schwab의 지식형성 과정에 의하면 모든 하나 하나의 지식들은 서로 다른 지식 구조의 질문에 대한 대답인 것이며, 그 대답을 유도한 질문의 의미를 충분히 이해하지 못하는 한 그 대답을 충분히 이해했다고 볼 수는 없다. 또한 특정 문제에 대한 대답은 고정된 하나의 대답만 있는 것이 아니라 여러 가지가 있을 수 있으며, 그런 여러 가지 대답들의 상대적 완전성을 이해하지 못하는 한 특정 문제에 대한 특정 대답을 제대로 이해했다고 볼 수는 없다. 왜냐하면 특정 문제에 대한 대답이란 수집된 자료에 대한 해석의 결과에 불과한 것이므로 결코 그 문제에 대한 완전한 대답은 아닌 것이다. 만약 다른 종류의 자료를 수집하였거나 혹은 더 완전한 종류의 자료를 수집할 수 있었다면 더 나은 해석이 가능할 것이고 그러면 더 완전한 종류의 대답을 얻었을 것이기 때문이다. 그러므로 특정 문제에 대하여 현재 우리가 가지고 있는 지식은 언제나 잠정적인 것이며, 언제나 어느 정도의 오류는 포함하고 있는 불완전한 지식임을 의미한다.

일반적으로 구조는 구조를 구성하고 있는 요소가 변하거나 요소 간의 관계가 변하면 구조 전체가 변하는 것으로 이해되고 있다. 그러므로 위에서 기술한 지식 탐구의 구조를 구성하는 요인 중 어느 하나가 변한 상황에서 얻어진 지식은 이전의 구조에서 얻어진 지식과는 엄밀한 의미에서 다른 종류의 지식이라고 볼 수 있다. 이렇게 본다면 지식을 산출하는 지식의 탐구 구조는 무수히 많다고 볼 수 있으며 이러한 서로 다른 다양한 구조에서 생성된 지식들은 서로가 이질적인 것들이라고 볼 수 있다.

Schwab에 의하면 특정의 지식을 제대로 이해하기 위해서는 그 지식이 생성된 과정, 즉 그 지식의 탐구 구조를 이해해야 하는 것이 필수적인데도 이러한 구조를 이해하는 것이 어렵기 때문에 그동안 많은 사람들은 탐구의 결과로서 이루어진 학문의 결과, 즉 지식을 그 자체로서 자명하고 결정적인 것으로 생각하는 것이 습관화되었다. 그리하여 사람들은 탐구의 결과(지식)를 산출한 구조에 관한 이해 없이도 탐구의 결과를 잘 이해할 수 있도록 탐구의 결과들을 단순화시킨 후 서로 다른 탐구 구조의 결과들을 충분한 고려 없이 통합하기 시작했다. 그리하여 교과의 교과서들, 특히 과학 교과서들은 탐구의 결과들을 '잠정적 규정'이 아니라 '완전한 사실의 집합체'로서 기술했다.

Schwab은 주로 자연과학과 관련하여 지식의 탐구 구조를 언급했기 때문에 지식의 탐구 구조 이론을 다른 종류의 지식의 세계에 일반화시키는 데는 상당한 제한을 받을 수밖에 없다라고 밝히고 있다. 그러나 이러한 지식의 탐구 과정에 대한 구조적 분석 작업은 지식 생성 교육을 위해서는 반드시 지속되어야 할 탐구 영역이라고 본다.

### 3) 교사발달 과정과 교사의 교육과정 인지

실제 교사들이 교과를 가르치는 일은 수업 이전에 가르칠 내용과 방법 등과 관련한 이론적 지식의 단순한 적용이 아니라 자신의 다양한 경험과 다양한 요구, 상황과 관계된 다양한 지식 등을 토대로 그 자신이 이해한 지적 수준에 근거하여 교수행위를 한다.

이러한 교사의 개인적 지식이 수업과정에서 학생들에게 영향을 미치는 것은 교사의 행동 이면에 놓여있는 교사 자신이 구성한 지식이라는 점에서 그 중요성이 인식되면서 1980년대 이후 다양하게 연구되어지고 있다. 이 지식은 '개인적인 실천적 지식(Clandinin, 1985)', '교사의 실천적 이론(Sanders & McCutcheon, 1986)', '교사의 실제적 지식(Floden, 1986; Fennema & Franke, 1992; Hargreaves, 1996)', '수업내용 지식(Sulman, 1987; Doyle, 1992)', '실천적 언어(Yinger, 1987)' 등 다양하게 명명되었으며, 실제 교수 행위의 질을 향상시키기 위한 교사의 지식을 의미하는 것 외에 교사의 개인적 지식이 기존의 이론적 지식을 불완전하게 만드는 것이 아니라 새로운 지식 창조의 기반임을 드러내고 있다. 즉, 교사의 교수행위는 교수내용과 방법에 관한 이론적 지식을 바탕으로 이루어지는 것이 아니라, 그러한 이론적 지식이 교사의 개인적, 맥락적, 역사적, 사회적, 경험적 차원 등 다양한 요인에 의해 형성되며, 이렇게 형성된 지식을 '교사의 개인적 지식', 혹은 '교사의 실천적 지식'이라고 한다.

이와 관련하여 Doyle(1992)은 교사는 효과적인 수업을 위하여 단순한 기술적 지식 이외의 지식을 동원하며, 이것이 교수의 핵심적 지식이라고 하였으며, 이러한 지식을 교수내용지식(pedagogical content knowledge)이라고 하였다.

Clandinin(1985)은 이러한 지식은 개인의 모든 의식적, 무의식적 경험에 영향을 받아 형성되고, 행동으로 표현되는 신념체제라는 점에서 이 지식을 '개인적인 실천적 지식'이라고 하였으며, Elbaz(1981)는 이러한 지식이 교사 자신이 가지고 있는 지식을 상황에 맞게, 자신의 가치관이나 신념을 바탕으로 종합하고 재형성한 지식이라고 하였다. 이 외에도 기존의 연구는 사례연구를 통해 교사들이 가지는 개인적 지식의 내용을 구체적으로 드러내고자 하였다.

Cornett(1987)는 한 명의 사회과 중등교사와의 사례연구를 통해 교사가 학습자에 대하여 어떤 관점을 가지고 있는지, 교사의 역할을 무엇으로 보고 있는지, 교수-학습은 어떠해야 하는지 등에 대하여 탐구하였다. 이 연구에서는 교사의 개인적 지식의 내용이 학습자에 대한 긍정적 관점, 학습자에 대한 감정적 이해, 인간으로서의 교사, 재미있는 교수-학습, 자료의 조직적이고 체계적인 제시, 책임감 있는 학생, 시사적 정보를 가진 시민으로서의 학습자로 구체화되었다. 그리고 이 교사의 개인적 지식이 사회 교과의 교육과정 개발에 어떻게 복합적으로 영향을 주는가에 대하여 논의하였다.

Yinger(1987)에 의하면 교사의 '실제적 언어(practical language)'는 그들이 실제적으로 교수에 참여하기 이전에는 획득될 수 없는 것으로서, 교사가 교수행위를 수행하는 과정에서 사용하게 되는 언어뿐만 아니라 그들이 자신의 일을 효과적으로 처리하는 데 근거가 되는 사고와 교수 방법에 대한 지식 등이 포함된다고 주장하고 있다.

Polanyi(1958)는 개인적 지식과 관련하여 개인적 지식(당사자적 지식)은 모든 지식을 의미하며, 여기에서 개인적 혹은 당사자(personal)는 지식을 수식하는 것이 아니라 정의하는 단어이며, 따라서 개인적 지식은 여러 종류의 지식 중 한 가지를 가리키는 것이 아니라 올바르게 획득되고 사용되는 경우의 지식이라고 기술하고 있다. 이러한 관점에서 교사의 개인적 지식은 개별적이며, 맥락적이며, 실재적 지식이다.

Clandinin과 Connelly(1987)는 교사의 개인적 지식과 관련된 여러 학자들의 연구를 분석하면서 교사의 개인적 지식의 개념과 의미를 위와 같이 제시하고 있다.

**표 1-3** 교사의 개인적 지식의 개념

| 학자 | 개념 | 의 미 |
|---|---|---|
| Halkes, Deijkers | 교사의 교수 준거 | 한 개인이 가르치는 동안 지속적으로 추구하거나 유지하고자 노력하는 개인의 주관적 가치 |
| Marland | 실천의 원리 | 교사의 상호작용적 교수행위를 이끌거나 교사의 상호작용적 행위를 설명해 줄 수 있는 원리 |
| Pope와 Scott | 개인적구성물/이론/인식론 | 지식과 교육적 실천에 대한 교사의 견해 |
| Olson | 개인적 구성물 | 교사가 자신과 학생의 행동에 대하여 사고하거나, 평가하거나, 분류할 때 사용되는 토대가 되는 이론(underlying theory) |
| Mundy | 내재된 이론 | 교사의 실천 아래 깔려 있는 시종일관된 믿음 |
| Bussis, Chittenden, Amarel | 교사의 이해 | 교실활동(표면적 내용), 교사의 학생을 위한 수업의 우선 순위(조직된 내용) 그리고 이 둘 간의 연계를 통한 교육과정과 학생에 대한 교사의 믿음 |
| Janesick | 준거 체제 | 경험에 대한 반성적 사고를 통해 추출된 해석, 믿음과 의도, 해석과 행동, 즉 교사가 경험을 해석하는데 있어서의 준거 체제 |
| Larsson | 교사의 개념 | 교사가 어떤 현상을 인식하는 방법을 묘사하는 개념, 이 개념들은 교사가 그들의 일을 바라보는 방법을 이해하는 데 기본적인 요소가 되고, 때로는 그들의 행동을 이해하는 데 기본적인 요소가 됨 |
| Lampert | 개인적 지식 | 개인적 지식은 교사 자신, 그가 관심을 두는 것에 대한 지식이며 학생에 대한 지식. 학생에 대한 지식이란 지필고사로 나타나는 학생의 성취를 넘어선 것을 지칭 |
| Elbaz | 실천적 지식 | 교사들이 적극적으로, 가르치는 일을 이끌고 만들어가는 데 사용되는 복합적이며 실천 지향적인 이해의 세트 |
| Clandinin, Connelly | 개인적 실천적 지식 | 교사의 삶의 과정에서 나오는 경험적, 실체화된 재구성된 지식 |

출처: Clandinin, D. J. & Connelly, F. M.(1987). Teachers' personal knowledge: What. counts as 'personal' in studies of the personal. Journal of Curriculum Studies, 19(6), p. 487 - 500.

이상에서 볼 수 있듯이 교사의 개인적 지식 혹은 실천적 지식이란 교사가 교수 행위의 기준이 되는 이론적 지식을 바탕으로, 교과지식, 교직 경험, 교육관, 교직관, 학생관, 학생의 수준과 특성, 교사의 교육과정(교과) 지식의 이해정도, 환경, 인성, 적성 등과 그리고 당면하고 있는 다양한 상황, 여건의 개입에 의해 형성된 지식을 의미하고 있다. 이러한 교사의 개인적 지식은 이론과 실제의 간극을 줄여주는 역할과 더불어 교수행위의 실제적 근거가 되며, 수업의 질 향상에 중요한 요소가 된다. 이러한 교사의 개인적 지식의 특성을 살펴보면 다음과 같다.

첫째, 개인적 지식은 개인의 자서전적인 성격을 띠고 있으며 개인의 삶을 반영하고 있다. 따라서 개인적 지식에 대한 이론적 접근(범위, 유형, 단계, 구성요소)이 어렵다. 즉 교사의 개인적 지식이란 교사의 교육적 경험을 통하여 생성된 지식을 의미한다고 볼 수 있다. 개인적 지식 앞에 교사라는 제한적인 용어가 놓여졌을 때는 개인적 지식의 의미를 어느 정도 한정시킬 수 있으며 한정되어져야 한다. 교사의 개인적 지식은 한 인간의 총체적인 자서전은 아니며, 개인적 지식의 초점은 교사라는 전문직으로서의 개인적 지식이 된다. 물론 교사로서의 개인적 지식은 총체적인 자서전과 긴밀한 연관관계에 있기는 하나, 어디까지나 그 초점은 '교사'에게 놓여 있다는 것이다.

둘째, 교사의 개인적 지식은 구조화되기 어렵다. 교사의 개인적 지식은 그들의 행위와 사고 안에 내재되어 있는 어떤 가치, 믿음, 규범, 준거 등으로 통용된다. 이러한 개인적 지식은 지식의 구조성을 토대로 하기보다는 비구조적이며 내재되어 있는 토대, 준거로서 광범위한 영향을 주는 신념 체계적 성격을 띠고 있기 때문이다. Clandinin(1985)에 의하면 '지식'은 경험으로부터 나온, 개인의 행동을 통해서 표현된 의식적이거나 무의식적인 신념체계라고 기술하고 있다. 또한 개인적 지식은 개인의 존재를 구성하고 있는 모든 경험들로 채워진 지식이고 그 내용은 전문적이고 사적인 한 개인의 경험에서부터 나오게 되며 그것을 통해 이해된다라고 기술하고 있다. 이러한 관점에서의 개인적 지식은 의식적 지적 구조와 무의식적 신념체계의 결합이라고 볼 수 있다.

셋째, 교사의 개인적 지식은 능동적인 내면화 과정을 강조한다. 물론 개인적 지식의 내면화 과정에 있어서 지적 자극이 외부로부터 영향을 받기도 한다. 그러나 외부에서의 자극은 내면화를 위한 재료일 뿐 개인적 지식화는 전적으로 개인의 내부, 즉 마음에 달려있다. 인간 내부에는 일종의 동인이 있어 외부의 자극을 의식적, 무의식적으로 통제하며 개인의 내·외적 자극에 대한 경험을 토대로 개인적 지식이 구성된다고 보기 때문이다.

넷째, 교사의 개인적 지식은 교사의 전문적 지식의 토대이다. 지식의 형성과 내면화과정에 있어서 이론적 지식, 명시적 지식은 일정한 목적의식과 맥을 같이하며 대부분 형식적 교육에 의해서 형성되는 경우가 대부분이다. 왜 지식을 배워야 하는지, 무엇을 배워야 하는지는 개인적 지식의 형성과 내면화의 핵심이며 이는 분명한 목적의식에 의해 결정되어진다고 볼 수 있다. 이러한 관점에서 보면 교사로서 필요한 지식의 획득이 교사의 개인적 지식 형성의 목적이며 내용이 된다. 즉, 교사의 개인적 지식은 교사로서 당연히 갖추어야 할 지식이며 교사의 일을 수행하기 위한 전문적 지식의 토대가 된다.

종합하면, 교사의 개인적 지식은 교사의 전문적 지식의 토대이며, 능동적인 내면화 과정을 통해 형성된다고 할 수 있다. 이러한 교사의 개인적 지식 범주에서 교사의 교육과정 지식은 어떠한 의미를 함의하고 있는가? 부언하면, 교육과정 인지, 즉 교육과정 지식을 아는 것이 교사의 개인적 지식 형성에 어떠한 영향을 미치는가? 상호 어떠한 관계가 있는가? 하는 질문으로 바꾸어 말할 수 있다.

교사의 교육과정 지식과 관련하여 Feiman-Nemser와 Floden(1986)

은 교사의 실제적 지식에서 '교사가 해야 할 것', '학습자가 원하는 것', '교육과정이 요구하는 것'이 핵심적인 요소라고 기술하면서 '교육과정이 요구하는 것'을 교사의 교육과정 지식이라고 논하고 있다. 여기에서 교육과정이 요구하는 것이란 문서수준의 교육과정에 관한 지식을 의미하며, 요구하는 것이라는 말에는 교사의 책무성과 관련된 의미가 내포되어 있음을 미루어 짐작할 수 있다. Elbaz(1981)는 교사의 실제적 지식을 구성하는 내용으로 첫째, 교사 개인에 대한 지식, 둘째, 교과내용에 대한 지식, 셋째, 교수-학습 환경에 대한 지식, 넷째, 교육과정에 대한 지식, 다섯째, 교수에 대한 지식으로 구분하여 설명하고 있다. 또한 Shulman(1987)은 실제적 지식의 내용을 교과내용 지식, 교수 방법 지식, 교육과정 지식, 교과교육학 지식, 학습자와 학습자의 특성에 대한 지식, 교육적 맥락에 관한 지식, 교육목적 가치와 철학적 역사적 근거에 관한 지식의 7가지로 구체적으로 제시하고 있다. 특히 그는 교과내용 지식과 교수 방법 지식을 통칭하여 교수내용 지식이라 명명하고 이 지식에 대해 특별한 관심을 기울였다.

그러나 교육의 개인적 지식과 관련한 대부분의 연구들은 교사의 교육과정 지식의 의미를 축소 해석하고 있다. 이들은 개인적 지식을 교과내용과 방법에 대한 지식, 교육과정 지식을 구분하여 논의하면서, 교육과정 지식을 교과서, 혹은 수업매체 개발과 관련한 지식으로 개념 짓고 있다. 그러나 교육과정 지식은 교과목표, 내용, 방법, 평가에 걸친 지식이며, 국가 수준의 문서화된 교육과정에서도 교과의 성격, 목표, 내용, 교수-학습 방법, 평가 등을 다루고 있다. 즉, 교육과정 지식은 교사의 교수행위에 있어 교사가 갖추어야 할 전문적인 지식일 뿐만 아니라, 당연히 갖추어야 할 지식인 것이다. 따라서 교과내용과 방법적 지식과 분리하여 논의될 성질의 지식이 아니라는 것이다. 오히려 교사의 핵심 활동이 교수(수업)에 있다고 한다면 교육과정 지식은 교사의 개인적 지식에 있어서 가장 핵심적이고 중요한 위치를 차지하고 있다고 보아야 할 것이다. 위의 논리와는 별개로 개인적 지식을 인지발달의 과정으로 보고 인지발달이 개인적 지식의 한 부분인 교육과정 지식의 발달에 긍정적 영향을 미칠 수 있다고 주장하는 이들도 있다. 이와 관련하여 권낙원(1986)은 교사들의 인지발달 과정과 관련한 연구에서, 교사의 인지발달이 효과적인 수업에 직접적인 영향을 미치고 있음을 밝히고 있다. 그에 따르면, 높은 개념수준(인지수준)에 있는 교사의 행동은 보다 능동적, 반응적, 적응적, 공감적이라고 기술하고 있다. 높은 개념 수준에 있는 교사들은 학생의 요구에 적합한 수업전략을 사용하고 있으며, 효과적인 수업 행동을 보여준다는 것이다. 또한 교사의 인지발달[1]과 교수와의 관련성을 <표 1-4>를 통하여 제시하고 있다.

이 표에서 나타나듯이, 교사의 인지적 발달이 교사발달에 있어 커다란 영향을 미치고 있음을 알 수 있다. 교사의 인지적 측면은 수업실제, 교사와 학생과의 관계, 학습과정에 커다란 영향을 미치고 있으며, 이에 따라 서로 다른 양상이 나타나고 있음을 보여주고 있다. 특히, 교사의 자아와 자신의 도덕성에 관한 발달은 자신의 일(교수)에 대한 반성적 사고를 제공하며, 이는 교사의 인지적, 정서적 발달에 영향을 미치게 된다. 이 과정에서 교사는 교육과정에 관한 인지적 수준을 형성하는 토대가 된다는 것이다.

1 권낙원은 개인의 인지발달이 인간의 전인적 성장, 자기 직업에서의 성공과 관련이 깊다고 보고, 교사의 자아, 도덕성, 개념수준이 교사로서의 성장과 성공을 매개하는 요인으로 밝히고 있다. 즉, 교사의 자아, 도덕성, 개념수준이 교사의 인지발달을 매개하는 요인이라는 것이다.

**표 1-4** 교사의 자아, 도덕성, 개념수준과 교수실제와의 관련성

| 자아 | 도덕성 | 개념 수준 | 수업실제 | 교사-학생 | 학습과정 |
|---|---|---|---|---|---|
| 자기 보호 | 복종·처벌 지향 | 자기 분화 | 강의－시험 | 교사는 권위자<br>학생은 수신자 | 모방 |
| 순응자 | 도구적 상대주의<br>선한아동승인지향 | 감정 이입 | 교사주도<br>대화 및 토론 | 교사는 학생의 동일시 모형 | |
| 양심적 | 권위－규칙<br>사회질서 지향 | | 학습자중심<br>토론<br>프로그램 학습 | 교사는 체제 위에 존재 학생은 학습을 받는자 | 과학적·논리적 방법 활용<br>다양한 견해 인정<br>일치성·단순성 추구 |
| 자율적 | 사회적 계약<br>합법지향<br>도덕원리 지향 | 통합적<br>독립적 | 계약학습[2] | 교사와 학생은 동료관계 | 재경험 추구<br>과거경험 재구성<br>새 패러다임 발견 |

출처: 권낙원(1986). 교사의 인지발달과 교사교육. 교원교육, 2(1), 한국교원대학교

## 4 교사의 발달 과정과 교사의 교육과정 실행

새로운 교육과정의 성공 여부가 여러 요인에 의한 것임에도 불구하고 교육적 변화와 관련해서 교사에게 유독 더 많은 책임을 전가하고 많은 관심을 갖는 이유는 학생과의 직접적인 접촉을 통해 실질적인 교육과정 혁신을 실행하는 사람이 바로 교사이기 때문일 것이다. 아무리 좋

2 학습을 계약한다는 말은 주어진 코스 내에서 무엇을 학습할 것인지 교사와 학생이 약속을 하고 그 약속대로 학습이 끝나면 교사는 그 학습의 결과에 따라 평가를 한다. 학습을 계약할 때는 학습내용, 학습량, 학생이 요구하는 결과를 동시에 계약한다는 것이다. 이러한 학습이 계약학습이다.

은 교육과정이 계획·개발되었다 하더라도 교사가 개발된 교육과정에 대하여 어떠한 관심을 가져야 하며 어떻게 받아들이고 해석할 것인가, 그리고 얼마나 충실하게 실행해나가는가 하는 것에 따라 교육과정은 다른 양상을 보이게 된다. 이와 관련하여 Marsh와 Willis(2003)는 교육과정을 단일한 것으로 이해하기보다는 교실에서 의도된 것(계획된 교육과정), 교실에서 일어난 것(실행된 교육과정), 교실에서 일어난 것이 어떻게 학생에게 영향을 미치는지(경험된 교육과정)의 합성물로 이해하는 것이 적합하다고 설명하고 있다. 그리고 이러한 교육과정은 단지 잘 계획했다는 것만으로는 의미를 가질 수 없고 교실에서 실행되었을 때 의미를 갖는다고 주장하고 있다.

*교육과정은 계획으로 시작되지만, 교사들이 실제 교실에서 실제 학생들과 함께 실행할 때만 실재(reality)하게 된다. 좋은 교육과정을 위해서는 분명 신중하게 계획하고 개발하는 것이 중요하지만, 교사들이 어떤 계획이 필요한지와 그것을 자신의 교실에서 어떻게 실행할 수 있는지를 깨닫지 못한다면 주의깊게 계획하고 개발하는 것은 아무것도 아닌 것이 된다(Marsh & Willis, 2003: 232).*

또한 그들은 교육과정 실행은 단순히 교육과정을 수업을 통해 실현되는 것을 넘어 자신이 가르칠 학생과 교사 자신의 여러 가지 상황들을 고려하여 교육과정을 해석하고 개발하고 만들어서 실행하는 과정이라고 주장하고 있다. Marsh와 Willis는 교실에서의 교육과정 실행이 어떠한 의미를 가지고 어떻게 실행되는지를 다음과 같이 비유를 들어 설명하고 있다.

*계획된 교육과정과 실행된 교육과정의 관계는 연극대본과 살아있는 연기자에 의해 연극이 무대에 올려진 연극 결과물과 같다… 셰익스피*

*어의 햄릿은 대본 상태일 때와 연기자들에 의해 해석되어 무대에 올려 질 때에는 다를 수 있다… 과학기술적 입장에서는 계획된 교육과정이 그대로 행해졌는지 아닌지에만 관심을 두지만, 극본이 무대 위에 올려 질 때에는 연기자들에 의해 해석되는 것처럼, 계획된 교육과정은 교사에 의해 해석되어 행해질 수 있다… 여기에서의 가정은 교사들이 연극의 디렉터이며 연기자와 매우 흡사하다는 것인데, 대본이 있지만 그들은 그것을 해석해야 한다는 것이다(Marsh & Willis, 2003: 232).*

교육과정 실행은 충실도 관점(Fidelity Perspective)과 상호 적응(Mutual Adaption) 관점, 교육과정 생성(Curriculum Enactment)관점으로 나뉘어 진다. 이 세 가지 교육과정 관점이 각각 교육과정, 교육과정의 변화과정, 교사의 역할에 대해서 어떻게 가정하고 있는지에 대해 살펴보면 다음과 같다.

충실도 관점은 교육과정 실행과 관련하여 특정 교육과정이 실행될 때 계획된 교육과정의 충실한 이행 정도를 측정하는 것과 실행을 촉진하거나 방해하는 요소를 정의하려는 시도에서 기인하고 있다(Synder et al., 1992). 여기서 충실도란 교육과정이 개발자의 의도대로 실행되느냐를 판단하는 준거로, Fullan과 Pomfret(1977)에 의해 소개된 관점이다. 충실도 관점은 교사들이 낮은 교육과정 이해수준을 가지고 있기 때문에 계획된 교육과정은 상당히 구조화되어야 하고, 교사들이 무엇을 어떻게 가르쳐야 하는지를 명백히 드러나는 수업을 교사들에게 제공해야 한다고 가정한다. 즉, 충실도 관점에서 교사의 역할은 상당히 미미하다. 이 관점에서는 교사들은 교육과정의 수동적인 수용자의 역할을 수행하게 된다. 따라서 교사는 새로운 교육과정을 사용하기 위해 훈련되어야 하고, 일단 훈련되면 높은 수준의 기술적 숙달을 가지고 새로운 교육과정을 가르칠 수 있다고 기대한다.

이와는 달리 상호적응 관점은 교사가 주어진 교육과정을 실행할 때에 교육과정을 주어진 그대로 전달하고 학생은 그것을 받아들이기만 하는 것만이 아닌 어느 정도 교사에 의해 조정되는 과정이라고 보고 있다. 즉, 어느 정도의 '충실도 관점'을 포함하되 교육과정 개발자와 실행가인 교사 사이의 상호작용을 강조하고 있는 관점인 것이다.

교육과정 생성 관점은 '충실도 관점'과는 대조적이다. 이 관점은 충실도 관점의 핵심이라 할 수 있는 외부에서 만들어진 교육과정 자료와 프로그램으로 만들어진 교수 전략들에 관심을 두지 않는다. 외부에서 설계된 교육과정은 교육과정을 만들어내는 교사들에게는 한낱 자료일 뿐이며, 교육과정은 학생과 교사에 의해 만들어져야 한다는 것이다. 교육과정이 교실에서 학생과 교사에 의해 생성된다는 관점에서 보면, 교육과정은 학생과 교사에 의해 만들어진 교육적 경험이라 간주될 수 있다. 만들어가는 교육과정 관점에서 가정하는 교육과정 지식, 변화과정, 교사의 역할 측면을 살펴보면, 교육과정은 어떤 산물이나 이벤트가 아닌 계속적인 과정이고, 변화는 학생과 교사 모두의 개인적 발달과정인 것이다. 또한 교사는 교육과정 개발자로서의 역할을 해야 한다. 교사와 학생은 교육과정 지식을 단지 받아들이는 것이 아니라 만들어가는 역할을 해야 하는 것이다.

이러한 교육과정 실행에 대한 관점은 교사발달과 밀접한 관계가 있다. 교사가 가진 교육과정 설계와 개발에 대한 능력, 실행능력 정도에 의해 교육과정 실행에 대한 관점이 설명될 수도 있다. 교사의 교육과정 개발, 실행 능력이 낮은 경우 충실도 관점에서 교육과정 실행에 대한 논의가 이루어지는 것은 당연한 일이다. 반대로 교사의 교육과정 개발과 실행 능력이 높은 경우 상호적응 관점이나 교육과정 생성관점에서 교육과정 실행에 대한 논의가 이루어질 수 있는 것이다. 교사가 교육과정 개발과 실행 능력이 낮은 상황에서 상호적응 관점이나 교육과정 생성관점에서 교육과정 실행에 대한 논의가 이루어질 수 없음은 당연한 일인 것이다. 즉, 교육과정 실행을 위한 교사의 지적 수준이 확보되지 않으면 어떠한 관점에서 교육과정이 실행되어야 하는가하는 논의는 아무런 의미를 가질 수 없다는 것이다. 교사의 교육과정 인지·실행수준과 관련하여 McNeil(2003)은, 많은 초임교사들은 주제, 개념, 제안된 접근, 수업활동에 대한 설명이 있는 공식적인 교과, 지침, 교과서를 반가워한다고 기술하고 있다. 그에 따르면, 대부분의 신임교사는 자신만의 비전을 개발할 시간을 갖지 않는다고 한다. 그리고 경력교사는 교육전문가나 행정가와 같은 외부 권한들로부터 제공된 새로운 교육과정과 교육과정 자료들을 중요하게 생각한다고 설명하고 있다. 경력교사는 외부 권한들로 제안된 이론과 아이디어와 활동으로 구성된 새로운 교육과정이나 교육과정프로그램이 학생들의 학습과 동기를 고조하기 위한 더 좋은 방법을 찾는 것을 가능하게 하고 자신의 교과 지식과 교수 방법에 도움을 줄 것이라 기대하기 때문이다. 결론적으로 McNeil은 교사의 경력에 따라, 경력교사일수록 교육과정에 대한 인지수준과 실행수준이 높다고 주장하고 있다.

이와 같은 맥락에서, Rust(1994)는 교사의 교육과정 지식이 교육 실제에 적용되는 가장 최초의 경험은 예비교사 교육과정에서 학습한 지식을 초임교사가 되었을 때 적용하는 경험이며, 실제 연구에서 초임교사들은 그들의 교수 활동을 실행하기 위해서 예비교사 교육과정에서 배운 이론적인 요소를 교수 실제에 연결하여 적용하는 것으로 나타났다고 설명하고 있다. 이러한 교사의 지식은 경력이 쌓여지면서 다양해지고 있음이 발견되었다고 밝히고 있다. Berliner(1986)의 연구에 의하면 경력이 많은 교사들이 다양한 맥락에서 융통성있게 자신의 전략과 기술에 대한 광범위한 레퍼토리를 가지고 있었으며 경력이 낮은 교사보다 더 많은 지식의 종류를 가지고 있는 경향이 있음을 발견하였다. 이러한 연구결과는 경력이 많아짐과 동시에 다양한 교육적 상황에 직면하게 되는 문제들

속에서 발생하는 갈등의 해결을 위해 요구하는 지식들을 학습하였으며 이러한 경험들이 누적되어 왔다는 것을 시사받을 수 있다.

대부분의 교사들은 높은 사고력을 요하는 의사결정의 다양한 상황에 직면하고 있으며 특별한 상황과 문제를 해결하기 위하여 어떤 것을 적용해야 하는가에 대한 개인적인 신념을 가지고 있다(Hutchings, 2000). 이러한 개인적인 신념은 교사의 지식에 근거를 둔다는 것이다.

전술한 바와 같이 교사가 새로운 교육과정에 어떠한 반응을 보이더라도 교실에서 교육과정을 실행해야 하는 교사는 교육과정 실행에 필요한 능력을 갖추어야 한다는 것은 자명하다. 그렇다면 교육과정 이론과 실천 사이의 매개체이며 교육과정을 해석하고 새롭게 계획하는 개발자로서, 그리고 이를 직접 행동에 옮기는 교육과정 실행자로서의 역할을 수행하기 위해 교사는 어떠한 능력을 갖추어야 하는가? 첫째는 '교사의 능력 증진'으로, 이를 위해 교사는 교실 운영에 관한 이론을 포함하여 교육과정 분야에 대해서 보다 유식하고 세련되어야 한다. 다시 말해 교사는 교육과정에 대한 전문적 지식을 갖추어야 한다는 것이다. 둘째는 '교수활동 전문화'로, 교사는 교실 실천에 대한 지식과 기술을 보다 많이 구비해야 한다. 교사가 갖춘 교육과정 지식이 단순히 이론의 수준에 머무는 것이 아니라 교실에서 교육과정을 실천하는 것과 관련되어야 한다는 것이다. 셋째, '학교 재구조화'로, 이를 통해 교사들이 교육과정 의사결정에 보다 적극적으로 참여해야 한다. 따라서 교사는 교육과정 의사결정에 참여하기 위해서 교육과정 지식, 교육과정 정책과 관련된 지식, 그리고 이에 대한 결정 능력을 갖추어야 한다.

# PART 02

# 교사, 교육과정의 첫걸음을 떼다

기억은 존재의 의미이며, 망각은 존재의 부정이다.
아름답던 추억, 아팠던 기억, 즐거웠던 시간, 괴로웠던 기억들은
나를 존재케하고 더 많은 기억을 위하여 내가 산다.

- 추광재의 '허브차와 기억' 중에서 -

# 01 도약하기: 교사의 교육과정 이해가 교수에 미치는 영향

## 1 교수와 수업에 관한 개념적 이해

### 1) 교수와 수업

수업의 개념에 대한 논의는 주로 수업과 관련한 문제해결에 있어서 보다 근본적인 수준에서 논의가 필요한 경우 이루어진다. 수업의 개념을 어떻게 해석하느냐에 따라서 논의의 핵심이 달라지는 경우가 이에 해당한다. 즉, 수업평가, 수업장학, 수업전문성 등과 같은 영역에서 부딪히는 문제의 해결을 위하여 수업이 의미하는 바가 무엇인지 명시적으로 밝혀야 할 필요가 있을 때 이러한 논의가 이루어진다. 또 다른 경우는 수업의 본질적 가치와 의미에 관한 탐구, 처방적 수준에서의 논의가 아닌 수업 현상 그 자체의 이해를 위한 학문적 논의가 이루어지는 경우이다. 그러나 실제 수업의 개념이 사용되어지는 모습은 학자들의 수업에 대한 인식의 방법, 수준, 경향에 따라 다른 의미로 불확실하게 사용되고 있다. 그 대표적인 예로 수업의 개념이 교수의 개념과 혼용하여 사용됨으로써 그 의미가 애매모호해 지거나, 수업이란 용어의 앞과 뒤에 수식어가 붙어 수업의 개념을 본래의 의미보다 더 넓은 의미로 사용하거나 더 좁은 의미로 사용하는 경우가 이에 해당된다.

수업과 관련하여 파생되는 여러 이론적, 실제적 문제의 근본적인 해결은 수업에 대한 개념의 인식에서부터 시작되며 인식의 정도와 관점에 따라 여러 측면에서의 해결방안이 제시될 수 있다.

즉, 수업을 바라보는 기준을 정한 후, 수업과 관련한 현상들을 이해하고 접근하는 것이 수업과 관련한 논의에 있어서 전제 조건이 되어야 한다는 의미이다.

일반적으로 수업은 가르치는 활동이며, 주로 교과를 통하여 이루어진다. 그러나 전술한 바와 같이 수업의 개념이 혼용되어 학자마다 수업과 교수의 개념을 다르게 사용하고 있다. 수업을 'instruction'으로, 교수를 'teaching'으로 구분하여 사용하거나 반대로 교수를 'instruction'으로, 수업을 'teaching'으로 사용하는 경우가 이에 해당된다. 이 글에서는 Gage, Corey 그리고 Green과 Gagne와 Briggs의 분류를 중심으로 살펴봄으로써 수업의 개념 범위와 수업과 교수와의 관계를 파악하고자 한다. 또한 수업과 교수의 개념 차이를 드러냄으로써 수업개념의 의미를 보다 명확히 하고자 한다.

Gage와 Corey(1967)는 'teaching'을 'instruction'에 비하여 넓은 의미를 내포하는 것으로 파악하여, 'teaching'은 'instruction'보다 덜 분명하고 무의도적으로 가르치는 행위까지 포함하는 보다 넓은 개념으로 정의하고 있으며, 'instruction'은 계획적이고 의도적인 행위로 한정하였다. 또한, Green(1978)은 'indoctrination', 'instruction', 'trainning', 'conditioning'을 'teaching'의 개념에 포함시켜 설명하고 있으며, 'instruction'을 주로 사용하였다.

이와는 다른 입장의 Gagne와 Briggs(1979)는 'teaching'을 협의로, 'instruction'을 광의로 파악한 다음 instruction이라는 용어를 선호했다. 이 두 입장의 수업에 대한 개념 범위와 교수와의 관계를 그림으로

**그림 2-1** 수업과 교수와의 관계와 범위

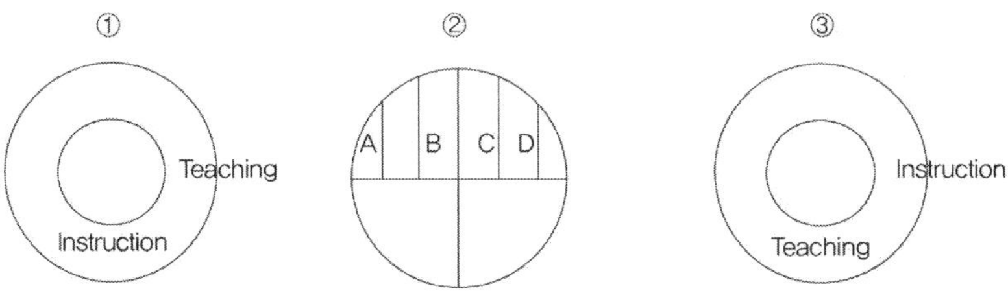


나타내면 [그림 2-1]과 같다.

①은 Gage와 Corey의 견해로 'teaching'이 'instruction'을 포함하고 있는 것으로 제시하고 있다. ②는 Green의 입장으로 ①의 견해를 보다 구체화하고 있다. 그는 원을 'teaching'의 개념으로 가정하고 원 안의 A, B, C, D를 각각 'indoctrination', 'instruction', 'trainning', 'conditioning'의 순으로 배열하여 수업과 교수의 관계를 설명하고 있다. 원에서 선 길이의 정도는 지적활동의 양을 의미하며 가운데 선을 기준으로 하여 A, B는 지적발달 촉진을 C, D는 신체적 기능, 활동을 촉진을 설명하고 있다. ③은 Gagne와 Briggs의 견해로 Gage와 Corey의 견해와는 반대의 입장으로 수업과 교수를 설명하고 있다. 각 견해들은 수업과 교수가 서로 밀접한 관계임을 밝히고 있으며, 단지 개념의 범위에서 서로 차이점을 보이고 있다.

흔히 수업과 교수의 개념은 이론적 측면, 즉 수업과 관련된 연구에서 사용되어지는 경우와 실천적 측면, 실제 학교 현장에서 사용되는 경우의 대부분은 두 용어의 개념에 대한 구분 없이 사용되거나 ③의 견해가 지배적이다. 특히 실제 학교 현장에서는 이러한 현상은 더욱 현저하다. 예를 들어보면, 수업과 관련한 이론적인 연구에서 '수업이란 교사, 학생,

수업내용, 환경 여건 등에 관련한 다양한 요인들이 복합적으로 작용하여 이루어지는 매우 복합적인 활동'(배호순, 수업평가)으로 개념을 정의하여 ①번의 견해를 취하는 경우를 제외하고는, ③의 견해를 취하는 경우를 흔히 볼 수 있다.[1] 그 외 수업의 개념을 다른 범위(의미)의 같은 용어[2]로 한 페이지에 사용하는 경우 등의 사례도 쉽게 찾아낼 수 있었다.

이 글에서는 교수를 'instruction'으로, 'teaching'은 수업으로 해석하여 사용하되, 두 용어의 개념의 범위와 관계는 Green의 견해에 따라 교수를 'teaching'의 개념에 포함시켜 설명하고, 'teaching'을 주로 사용하고자 한다. 또한 수업이라는 개념을 '교사, 학생, 교과내용, 환경의 요인들이 복합적으로 상호작용하는 활동이며, 의도된 교사의 계획(교사수준의 교육과정)에 의해 단위 시간에 이루어지는 활동'이라는 의미와 더불어 수업의 본질적 성격[3]에 비추어 개념을 규정하여 사용하고자 한다.

## 2) 수업의 구성요소

수업은 교사가 지식을 가르치고 학생이 배우는 행위 그 자체이며 전술한 바와 같이 '교사, 학생, 교과내용 등이 복합적으로 상호작용하는 활동이며, 의도된 교사의 계획에 의해 단위 시간에 이루어지는 활동'이

1 학교 현장에서는 수업을 교수-학습을 포함한 개념으로 주로 사용하고 있다.

2 교과서 해설식 수업과 교실수업, 낱말을 해설하는 수업 등이 한 페이지 안에 나란히 사용되는 경우가 이에 해당된다.

3 수업의 표면적 성격과 내면적 성격의 두 측면, 수업의 구성 요소와 본질적 목적에 비추어보면 수업은 교사의 행위와 학습자의 학습활동에 의해 이루어지며 학습자의 인격 발달과 바람직한 심성의 함양에 있다고 볼 수 있다. 교사는 단순히 수업의 내용, 즉 교과의 내용을 가르치는 것이 아니라 교과의 내용에 자신의 가치, 경험, 신념, 사고방식 등을 교과의 내용에 담아 가르친다고 보는 것이 타당해 보인다. 즉 여태까지 수업에 대한 관심이 표면적 부분에 대한 교수와 학습에 있었다고 한다면 본질적 측면에서의 수업은 표면적 측면 이면의 내면적 측면에 관심이 있다고 보아야 할 것이다.

다. 이러한 수업을 이해하기 위해서는 수업을 구성하고 있는 교사와 학생 그리고 교육내용에 대한 이해와 더불어 각 요소들이 어떠한 상호 관련성 맺고 있는지 파악하는 일이 선행되어야 한다. 수업이 이루어지는 과정에서 각 요소들이 서로 관련을 맺는 과정, 즉 교사와 학생, 교사와 교육내용, 교육내용과 학생 등이 어떠한 과정을 통하여 어떻게 관련을 맺게 되는지 그 과정을 이해하고자 하는 노력을 통하여 수업이 이루어지는 과정을 표면적인 수준에서뿐만 아니라 근본적인 수준에서 이해가 가능하다.

### (1) 교사

수업에서 교사는 가르치는 역할 외에 가르쳐야 할 내용이며 방법이다. 교사는 주어진 교육과정을 효과적인 혹은 바람직한 방법으로 가르치는 과정에서 자신의 가치와 태도, 신념, 사고방식 등을 주어진 교육과정 속에 포함시켜 학생들에게 전달한다. 또한 주어진 교육과정을 학생의 특성에 맞추어 재구성하기도 하며, 교수의 과정에서 의식적이든 무의식적이든 자신의 행동(말투, 옷차림, 습관 등등)이 학생들에게 전달된다. 즉, 교사는 수업의 구성요소 중 가장 핵심적인 위치에 있다고 볼 수 있으며 교사의 전문성은 수업의 질과 직접적으로 좌우하는 중요한 부분이다. 교사의 교육관, 교직관, 학생관, 수업관은 수업의 전체적인 운영방식과 동료교사, 학생을 대하는 태도와 관계 등을 결정하며, 교사의 가르치는 분야에 대한 지식과 이해정도, 전달 방식의 숙련 정도 등은 수업 과정과 결과의 만족도를 높일 수 있게 한다. 수업에 있어서 교사는 학생들이 경험하게 되는 교육과정이며 학생들의 변화를 결정하는 중요 요소이다.

수업에서 핵심적인 교사의 역할은 전술한 바와 같이 교사의 자질과 능력에 의해 수업에서 다른 모습으로 나타나게 된다. 같은 내용을 학생들에게 가르치는 데 있어 다른 방법, 다른 분위기, 다른 수업기술을 활용하여 다른 학습의 결과를 가져다준다는 것이다. 교사에 대한 사회적 기대 역시 이러한 교사의 자질과 능력에 대한 기대이며 믿음인 것이다.

또한 교사는 가르치는 내용에 대한 전문성, 방법에 대한 전문성 외에 전문가로서 갖추어야 할 도덕성을 겸비하고 있어야 한다.

교사 전문성 혹은 전문가로서 교사에 대해 말할 때, 우리는 다음의 서로 다른 세 가지를 의미를 염두에 두는 경향이 있다(Carlgren, 1999). 첫째, 교사의 '전문적 지식(professional knowledge)'에 대한 것으로, 교사가 가져야 할 전문적 지식이 무엇이며, 그것이 어떻게 조직되고 개발될 수 있는지에 관심을 갖는 것이다. 둘째, 교사들의 '전문화(professionalization)'에 대한 것으로, 교사라는 직업이 사회학적인 의미에서 직업이 되는 과정, 예컨대 다른 직업과 구분이 되는 상당한 정도의 자율성을 가져야 한다거나 장기간의 대학교육을 거쳐야 한다는 것 등에 관심을 갖는 것이다. 마지막으로는 교사 '전문성(professionalism)'에 대한 것으로, 주로 교사가 수행하는 일의 성격(quality)에 관심을 갖는 것이다.

이를 종합하면 교사의 전문성이란 교직이 하나의 직업이라는 사회적 통념을 반영한 의미로서, 모든 전문직종이 가지고 있는 직업으로서의 전문적 기술이나 지식을 의미하는 개념이다. 즉, 교사의 전문성은 수업을 위한 전문적 기술이나 수업에 대한 지식 등에만 국한된 의미가 아닌 교사라는 직업에 종사하는 사람이 갖추어야 할 총체적 전문성이라는 의미로서 교과지도, 생활지도, 특별활동지도, 업무 능력, 태도 등이 모두 포함된다. 그러나 교사의 전문성에는 일반적으로 사회구성원들에게 인식되고 있는 직업으로서의 전문성 외에 스승으로서, 타 구성원의 행위의 모범자, 실천자로서의 전문성이 내재되어 있다. 교사 전문성에 내재된 전문성이란 교사라는 단어가 갖고 있는 의미의 숨은 뜻으로 설명되어지기보다는 교사라는 개념에 대한 사회적 관습과 전통, 그리고 사회의 인식에 근거한 전문성을 의미한다. 또한, 교사전문성과 동의어로 사용되거나 교사의 전문성의 한 부분으로서 이해되고 있는 수업전문성이라는 개념은 교사전문성과는 다른 개념임에도 불구하고 같은 의미로 사용되는 경우가 많다. 그러나 수업전문성은 오히려 교사전문성의 한 영역으로서 교사에게 요구되는 다양한 전문적 활동 중에서 가장 큰 비중을 담당하고 있는 수업에 대한 전문성을 의미한다고 정의하는 것이 바람직해 보인다. 여기에는 구체적으로 효과적인 수업을 위한 교사의 행동양식과 수업방법, 수업전략 등의 수업 기술 능력이 이에 해당된다. 물론, 전술한 바와 같이 교사 전문성에 내재되어 있는 또 다른 의미의 전문성의 한 부분으로 수업의 전문성에는 수업 그 자체가 가지고 있는 내재적 가치에 대한 전문성 외에 도덕적, 사회적으로 미성숙상태인 학생들의 잘못된 행위에 대한 기준을 분명히 하고 스스로 도덕적 행위의 실행자 그리고 모범을 보여야 하는 사람으로서 직업의 윤리성 외에 마땅히 인간으로서 추구하고자 하는 교육 이상에 대한 실천가로서의 자질이 포함되어 있음을 전제로 하고 있다.

교사전문성과 수업전문성의 개념이 어떠한 의미로 정의되든지 간에 두 전문성 사이에는 공통적으로 포함되는 중요한 단어가 있다. 바로 도덕성이다. 가르친다는 것은 가르치는 교사가 배우려고 하는 학생들보다 지식의 양이나 깊이에 있어서 앞서 있으며, 이러한 지적 안목 외에 사회인의 한 구성원으로 또는 인간으로서 도덕적으로 우위에 있다는 것을 전제로 하고 있다. 즉, 가르치는 데 있어서 교사는 수업에 대한 전문성뿐만 아니라 모든 전문직에서 요구하는 도덕성도 필연적으로 갖추고 있어야 하는 것이다. 부언하자면, 교사의 전문성에는 수업 그 자체가 가지고 있는 내재적, 외재적 가치를 전달하고 내면화시킬 수 있는 수업전문성 외에 도덕적, 사회적 미분화 상태인 학생들의 잘못된 행위에 대한 기준을 분명히 하고 스스로 도덕적 행위의 실행자 그리고 모범자로서, 실천가로서의 자질이 포함되어 있다. 교사가 교사로서의 신뢰성을 잃어가고, 전문성까지 의심받고 있는 작금의 상황은 교사들의 이러한 교사의 전문성에 대한 인식이 부족한 것도 그 이유라 할 수 있겠다.

교실이라는 작은 공간에서의 교사와 사회 구성원으로서의 교사들의 행위는 사뭇 다르다. 그렇다고 해서 그들의 인격이나 도덕성에 대한 기본적 신념이 다른 것은 전혀 아니다. 야누스의 얼굴처럼 겉과 속이 다른, 보여주는 삶으로서의 행동과 본성으로서의 삶의 행동이 다르게 보여지는 경우가 있을 뿐 형성된 도덕적 본성은 본질적으로 같은 것으로 보아야 할 것이다. 그 예로, 고자질하는 학생들, 뒤에서 남의 흉을 보는 학생들, 친구를 괴롭히는 학생들의 행위에 대해 교사 대부분은 아니 교사 모두가 거부감을 느끼는 동시에 나름대로의 방법으로 학생의 올바른 행동 변화를 유도해 나가고자 노력한다. 하지만 일부 교사들은 그들이 살아가고 있는 사회의 범주에서 이러한 학생들과 같은 잘못된 행위를 저지르는 실수(?)를 범한다. 잘못이 있는 동료교사나 힘들어하는 동료교사, 능력이 부족한 교사(여기서 능력이란 주관적 표상으로서 상대적일 뿐만 아니라 마땅한 기준조차 갖지 못하는, 따라서 능력이 부족하다는 의미가 문장 자체가 가지고 있는 의미로서 이해되기보다는 타인의 상대적 평가의 결과로 나타나는 능력을 의미하며, 그것이 실제로 능력이 부족한가라는 것과는 별개의 문제이다)에게 당연히 쏟아져야 할 격려와 위로, 침묵보다는 질타와 멸시, 시기 등의 학생들에게 그러지 말아야 할 행동으로 모두가 공감하는 행위들을 아무런 죄의식 없이 자행하고 있다. 자신들 행위에 대한 반성적 사고는 전문가로서 가져야 할 당연한 자질이며, 다른 전문가와는 달리 더욱 윤리성이 요구되는 교사이기에 보다 관대하고 남을 이해하려는 배려가 필요한 것이다.

'요즘 아이들 참 버릇없어. 우리 때는 안 그랬는데 말이야……' 자주 듣는 말이다. 그러나 흔히 우리가 하는 이 말에는 여러 가지 의미가 함의되어 있다. 교육이란 일시적 현상이 아니라 삶 그 자체와 밀접하게 연관이 되어있으며, 삶이 곧 교육이라고 정의를 내려도 어색하지 않을 정도로 서로는 불가분의 관계로 연결되어 있다. 따라서 아이들이 버릇없이 된 것에는 아이들 스스로 그렇게 변한 것이 아니라 아이들이 삶의 과정에서 버릇없게 자라난 것이며, 아이들의 삶의 과정에 깊게 관여하고 있는 가정에서의 부모와 학교라는 제도 안의 교사 그리고 아이들의 삶의 과정에 관련이 거의 없어보이는 학교라는 제도 밖의 사회 구성원 역시 아이의 버릇없음에 일말의 책임이 있다는 사실을 외면할 수 없다. 이러한 아이들에 대한 비난의 말은 자신의 잘못을 인정함과 동시에 자신의 역할에 문제가 있었음을 스스로 시인하는 것이며, 아이들의 버릇없음은 아이들 자신의 잘못 외에도 아이의 삶을 둘러싸고 있는 부모와 교사에게도 어느 정도 책임이 있다고 보아야 하지 않을까.

아이들은 교사의 뒷모습에서 더 많은 것을 배운다고 한다. 그런 아이들이 항상 보고 듣고 느끼는 과정, 즉 삶의 과정에서 부모나 교사로부터 다양한 삶의 직·간접적 체험을 경험함으로써 그들의 인격은 변화되고 사회의 올바른 구성원으로서 갖추어야 할, 인간으로서 갖추어야 할 도덕성을 형성하게 된다. 따라서 학교 안에서 교사는 단순히 가르치는 직업으로서의 교사보다는 삶의 스승으로서 인식되어야 하며 교사의 도덕적 인격이 아이들에게 전이될 수 있도록 교사 스스로가 보다 높은 윤리성 함양에 노력하는 것이 교사의 전문성 확보의 첫걸음이라 생각된다.

교사는 항상 교육, 현실적으로는 수업의 주체임을 잊지 말아야 하며, 자신의 행동 하나하나가 곧 학생을 변화하게 하는 중요한 행위, 학생의 미래를 바꾸게 하는 중요한 원동력이 될 수 있음을 항시 기억해야 할 것이다.

## (2) 학생

수업을 구성하는 또 다른 요소로 학습의 주체, 수업의 대상이 되는 학생은 개인으로서의 학생과 집단으로서의 학생으로 구분하여 논의할 필요가 있다. 우선 개인으로서의 학생은 자신의 성별, 나이, 부모의 경제, 사회, 문화적 위치, 취미, 성격, 적성, 성취의욕, 자기효능감, 학습능력, 교사나 친구와의 관계 등에 의해 수업에 대한 관심, 집중, 참여도 등이 달라지게 된다. 이러한 개인의 특성에 따라 수업의 운영 방식이나 수업의 방법 역시 달라져야 하며 각 개인의 능력을 최대한 발휘할 수 있는 분위기, 여건을 조성하는 것이 필요하다. 또한 집단으로서의 학생으로서 수업 운영 시 고려해야 할 요인들로 집단의 동질성과 이질성, 집단의 분위기, 또래집단 문화 등을 들 수 있다. 수업 운영에 있어 동질적인 집단은 수업 운영에 준거를 잡기 쉬운데 반해, 지나치게 이질적인 집단은 수업에 다양한 초점을 필요로 한다. 또한 집단의 학습 분위기에 의해 수업 운영이 산만해질 수도, 집중이 잘 이루어질 수도 있다. 집단 문화가 수업에 적극적, 긍정적인 경우 훨씬 나은 수업의 결과를 얻을 수 있는 것이다.

또한 학생 중심, 학습자 중심의 수업에 대한 올바른 이해를 통하여 교사의 바람직한 교수 행위를 고민하고 스스로를 변화시킬 수 있어야 한다. 이러한 고민과 긍정적 변화를 위한 자기 반성은 학생들의 교과에 대한 흥미를 높이게 하고 수업에 대한 동기 유발과 관심을 높여주는 가장 중요한 요소인 것이다.

개인으로서의 학생, 집단 구성원으로서의 학생에 대한 바른 이해는 학생과의 인간적 관계를 통하여 주로 형성되며, 수업의 성공을 매개하는 작용을 한다.

### (3) 교육내용(교과)

수업은 교육과정의 구체적 모습인 교육내용(교과)을 가르치는 일이며 교과서가 교육내용(교과)을 대신하게 된다. 교육내용은 교사들이 학생에게 설명하고, 이해시키고, 전달해야 할 내용이며, 학생들이 배워야 할 핵심적인 내용의 집합이다. 일반적으로 교사는 교육내용(교과)을 가르치며 교육내용을 얼마나 잘 전달했는가 하는 것이 교사의 의무이며 역할이다. 교육이란 활동을 어떠한 미사여구로 치장한다 하여도 교육의 목적은 '교과의 내용을 얼마나 학습자에게 잘 전달했는가?'에 있는 것이다. 이러한 교육내용은 몇몇 유명한 교과교육학자에 의해서 만들어지는 것이 아니라 공적 전통에 의하여 계승되어진 지식의 정화이며 그 자체로 역사를 통해 검증된 가치있는 내용들이 체계적인 교수와 학습을 위하여 구조화된 인류 문화의 정수이다. 어떤 것은 시험에 잘 나온다 하여 가르치고 어떤 것을 그 가치면에서 떨어진다하여 함부로 할 수 있는 것이 아니란 것이다.

간혹 교과서의 내용을 교과내용이라 생각하는 교사들을 가끔 볼 수 있다. 그러나 교과서는 교과내용을 효과적으로 가르칠 수 있도록 만들어 놓은 교수 또는 학습 자료로 교과내용을 모두 담고 있다고 보기는 어렵다. 오히려 교육과정에 제시되어 있는 교과 내용을 토대로 학생의 특성에 맞게 교사수준의 교육과정을 재구성하여 가르치는 것이 바람직하다. 교과서는 그저 자료에 불과하다는 것을, 반드시 교육과정을 통한 교과내용의 전수(전달)가 이루어져야 할 것이다.

### (4) 구성요소 간의 관계

교사와 학생과 교과는 수업을 구성하는 가장 기본적인 구성요소이자 핵심적인 구성요소이기도 하다. 이러한 구성요소는 서로 분절된 각각의 독립된 요소로서 존재하는 것이 아니라 서로 영향을 주고받는 상호관련적 특성을 지니고 있다. 교사의 외적 특성과 내적 특성, 교사의 학력, 지능, 인성, 지적 수준, 가치, 태도, 신념, 전문성 등은 학생의 발달과 학습의 성취에 커다란 영향을 미치게 되며, 반대로 학생의 학습능력, 성격, 적성 등에 의하여 교사의 수업 운영, 방식, 방법에 변화를 가져다준다. 또한 교육내용(교과)의 수준, 각 교과의 성격에 따라 수업의 모습이 다른 형태를 보이게 된다.

그러나 이러한 요소의 관련성이 요소 간 특성에 국한되어 수업에 영향을 미치는 것이 아니라 요소 외적인 부분, 요소와 요소 간 관련을 맺는 과정에서 파생되는 사회적, 문화적 요소들 역시 수업에 상당한 영향을 미친다. 예를 들면 교사와 학생과의 인간관계, 교사가 교육내용을 해석하는 과정에서, 가르치는 과정에서 개입하게 되는 제도적(입시 문제) 압박, 학생이 교육내용을 학습하는 과정에서 개입하게 되는 사회적, 문화적 선입견 등이 이에 해당된다고 할 수 있다.

## 2 교육과정 관심과 인지과정으로서의 교수

수업은 의도되고 계획된 활동이다. 교사가 수업 전 활동으로서 무엇을 가르칠 것인가에 대한 목표와 내용, 그에 따른 방법적 활동을 고려하고 좋은 수업을 위한 매개 자료를 제작하는 등의 계획 활동은 교육과정의 이해를 전제로 하고 있다. 교수의 목적과 내용을 숙지하고 목적 달성을 위한 적절한 방법의 선택과 활용할 수 있는 능력은 교사의 교육과정에 대한 이해에서 비롯되며, 수업 계획에 있어 교육과정의 이해 여부는 가르칠 내용에 대한 가치, 태도, 목적 등과 깊은 관련이 있으며 이는 수업의 과정 전반에 영향을 미치게 된다. 설령 수업의 특성상 수업 전개 과정에 있어서 철저하게 준비된 수업이라 하더라도 생각지 못한 다양한 문제 상황과 어려움에 직면하게 되고 처음 계획한 의도와는 다른 방향으로 수업이 전개되어가는 경우가 허다하다. 하지만 수업의 계획 단계에서 의도했던 학생의 반응, 그에 따른 내용과 방법적 측면이 실제 상황에서 그대로 실행되지 않는다 하더라도 가르치고자 하는 목적이나 목표는 크게 달라지지 않는다. 달라진 것은 목표가 아니라 목표를 달성하기 위한 본래의 계획에 수정이 가해진 것뿐이며 순간의 상황에 따른 일시적 내용과 방법의 변화만 있을 뿐이다.

교사가 무엇을 가르칠 것인가와 관련된 목적과 내용을 이해하고 있는 한 수업의 내용과 방법이 수업 상황에 의해 계획한 바와 다르게 전개되고 있다고 하더라도 이는 어디까지나 교사의 의도에 의한 것이며 목적 달성을 위한 다른, 그러면서도 더 적합한 선택을 상황에 맞추어 변화시킨 것에 불과한 것이다.

이와는 달리 교육과정의 관심과 인지가 부족한 상태에서의 교수는 원래의 목적을 왜곡시키거나 표면적인 목적만을 달성하는 데 그치게 되며, 경우에 따라 본래 의도하였던 수업의 목표를 왜곡하거나 잃어버릴 수도 있다. 교육과정과 교수는 서로 구분되는 개념이기는 하나 교육과정이 없이는 수업이 효과적으로 이루어질 수 없으며 반대로 수업 없는 교육과정은 의미가 없다는 점에서 교육과정과 교수는 불가분의 관계에 놓여있다고 할 수 있다. 특히 교사수준의 교육과정의 관심과 인지 정도는 교사의 전문성과 수업의 질을 담보하는 핵심적 요소로 자리잡고 있다.

## 3 교육과정 실행과정으로서의 교수

교수를 교육과정의 실행과정으로 보는 관점은 교육과정에 대한 제도적 관점의 이해에 기초해서 교육과정과 교수의 관계를 이해하고 있는 경우이다. 이 경우 교수는 교사가 이미 계획된 교육과정을 잘 전달하도록 하는 교수과정에 초점이 맞춰진다. 즉 교사가 얼마나 성실하게 교수를 수행하는가에 대한 연구가 곧 교육과정 실행과 수업에 대한 연구인 것이다(Schubert, 1986). 이 경우 교수는 교육과정이 잘 시행되도록 통제하고 조정하는 과정이며, 학생들이 학습을 잘 할 수 있도록 칭찬하고 격려하는 과정으로 이해될 뿐이다(Doyle, 1992).

한편으로 교육과정과 교수를 분리된 개념으로 인식하기보다는 교육과정의 실체가 교실에서 교사에 의해 이루어지는 수업을 통해 전개된다는 관점에서 보면 수업은 교사에 의해 교육과정과 교수가 통합된 형태, 혹은 수업에 반영된 교육과정으로 이해된다. 이 경우 교수에 의해 전개되는 교육과정은 Shulman(1987)이나 Doyle(1992)의 말처럼 '효과적인 수업을 위한 단순한 기술적 지식 이외의 지식'[4]이 동원되며, 이와 관련한 지식을 '수업내용지식(pedagogical content)'이라고 하였다. 특히, Shulman은 수업내용지식이란 '교사가 갖고 있는 교과 관련 지식으로서 학생들의 능력과 수준, 환경의 다양성에 따라 다르게 실행하고 교육적으로 영향을 미칠 수 있는 형태로 변환할 수 있는 교사의 능력'이라고 정의하고 있다(Shulman, 1987). 결국 수업은 교사가 교과지식을 학생들의 수준과 관심에 맞게 창조적으로 해석하고 실행하는 교사의 창조적 과정이며, 동시에 국가 수준, 학교 수준의 교육과정이 교사수준(교실수준)의 교육과정

4 교사의 경험, 사고방식, 교과에 대한 가치, 태도 등의 교사특성과 교과에 대한 인식, 수업관, 학생관, 교육관 등

으로 변환되는 과정이기도 하며, 교실 수업상황이라는 다양하고 복잡한 맥락 속에서 교사에 의해 창조적으로 교사수준의 교육과정을 생성하는 과정이기도 하다. 그리고 교육과정의 창조적 생성이나 변환은 대부분 수업의 계획과정이나 전개과정에서 드러나는 일시적 활동일 뿐이다. 오히려 수업의 실천과정 전반에 영향을 미치는 활동은 교사에 의해 미리 이해되고 계획된 교육과정을 실행하는 과정에서 이루어진다.

수업을 '문서화된 국가 수준 교육과정의 실천으로 보는 관점'이나 수업을 '교사의 교과 지식의 창조적 전달과정으로 보는 관점'은 수업을 이해하는 데 있어 다음과 같은 한계를 지니고 있다. 우선 수업을 '국가수준 교육과정의 실천과정으로 보는 관점'은 제도적 의미의 교육과정과 교실에서 전개되는 교육과정의 간접적인 관계성만을 내포하고 있다는 데 한계가 있을 수밖에 없다. 왜냐하면, 이러한 경우 국가 수준 교육과정 언어는 교실에서 이루어지게 될 교육과정의 언어와 단절되어 있기 때문에 국가 수준 교육과정이 실질적인 교육과정 전개로 번안되어지기 어렵기 때문이다. 또한 수업을 '교사의 교과지식의 창조적 전달과정으로 보는 관점' 역시 국가수준의 교육과정에 대한 교사의 주관적 이해와 교실 수업 맥락의 여러 가지 요인들에 의해 영향을 받아 만들어진 산물이다. 따라서 수업을 교사의 교과지식의 전달과정으로만 보는 관점도 국가수준교육과정의 이해정도와 다양한 수업맥락 속에서 자유롭지 못하다는 한계를 지닐 수밖에 없다.

이러한 한계를 조금이나마 극복하기 위한 제도적 장치가 교육과정의 지역화 정책이라고 볼 수 있다. 교육과정 지역화 정책이란 교실에서 실질적으로 이루어지는 교육과정 운영이 지역, 개별 학교, 그리고 교실의 학생들에게 최적화될 수 있도록 하기 위해 국가 수준의 교육과정을 근간으로 하되, 지역 교육과정, 학교 교육과정, 교실수준의 교육과정으로 구체화할 수 있도록 권한과 책임을 단위로 이양하는 정책이다. 그러나 정책은 있으나 실질적인 교육과정 지역화가 이루어지고 있지 못한 것이 현실이다.

수업은 교사가 교과 지식을 학생들의 수준과 관심에 맞게 창조적으로 해석하고 실행하는 교사의 창조적 과정임과 동시에 일정한 조건 속에서 이루어지는 절충의 과정이다. 즉, 수업은 교사에 의한 교육과정 지식의 변환 과정이면서, 교실 수업 상황이라는 독특한 맥락 속에서 이루어지는 교육과정의 생성 과정이기도 하다는 의미이다.

'교사수준(학급수준)의 교육과정 재구성'과 '교사의 교육과정 변환'이라는 개념은 학습자에게 최적의 경험을 제공하기 위한 재구성 과정이라는 점에서 동일한 의미를 내포하고 있다. 우선 '교사수준의 교육과정 재구성'은 교육과정 구성의 권한과 책임을 단위 학교와 교사로 이양시킴으로써 계획된 문서로서의 교육과정의 취지가 교실에서 운영되는 교육과정으로 구현될 수 있도록 하기 위한 제도적 장치라고 할 수 있다. 이에 비해 '교사의 교육과정변환'이란 교육과정 재구성의 권한과 책임을 가지고 있는 교사가 교과지식에 대한 이해를 토대로 학교와 교실 상황, 그리고 학습자의 배경과 능력 등을 수업의 방식으로 고려하고 구체적인 수업으로 구현하기 이한 실제적 교육과정 재구성을 의미하는 개념이다.

따라서 이 두 개념 모두 구체적인 교실 수업에서 교사가 교육과정을 구체적으로 다시 구현한다는 점에서 공통점이 있으나, 교육과정 재구성 개념은 제도적, 원론적 차원에 그 초점이 있는 데 반해, 변환이라는 개념은 구체적인 수업현실에서 교사에 의해 수업구성요소들이 상호 관련성을 맺으면서 구체화되는 과정을 의미한다는 점에서 초점의 대상과 인지 과정에 차이가 있다.

교육과정 재구성과 변환 개념은 교육 실제에 실제적 영향을 미치는 학교 또는 교사수준의 교육과정 실행에 있어 가장 핵심적인 실천 용어이며, 교사에게 요구되는 필수적인 개념이다. 이러한 개념의 실천적 적용을 위한 전제 조건으로 국가 수준 교육과정의 이해와 학생의 인지적·정의적 측면 이해, 학생 배경, 수업 상황 파악 능력, 문제 해결 능력 등에 관한 이론적 지식은 필수적이다. 전술한 교사의 이해와 지적 능력이 경험을 통한 개인적 지식과 통합될 때 교사는 교육과정 전문가로서의 조건을 갖추게 되는 것이다.

memo

# PART 03

# 교사, 교육과정의 중심에 서다

마음과 행동은 별개의 것이 아니라 인과 관계로 묶인 내면과 표출의 형태로 보는 이들이 있다.
그러나 마음은 마음일 뿐 마음과 행동이 서로 다른 경우가 허다하다. 그걸 알면서도 행동을 통하여 상대방의 마음을 이해하려 하고, 행동을 통하여 상대방을 해석하려 하는 어리석음을 저지른다.

- 추광재의 '허브차와 기억' 중에서 -

# 01 탐색하기: 교육과정 관심이란?

## 1 교육과정 관심의 개념

관심(concern)이란 가치가 있다고 생각하는 것에 주의를 기울이는 심적인 태도, 혹은 자신의 삶에 영향을 줄 현상이나 대상에 관한 일련의 감정, 생각, 반응을 의미한다(Gersten & Carnine, 1981). Gersten과 Carnine에 따르면, 관심은 크게 자의적 관여에 의한 관심과 타의적 관여를 통한 관심으로 구분되어진다고 한다. 이렇듯 관심은 자의든 타의든 상관없이 현상이나 대상에 관하여 직·간접적인 관계를 통하여 형성된다.

관심은 관심의 대상이나 특성에 따라 다음과 같이 3가지로 구분된다(곽병선, 1986).

첫째, 넓은 뜻에서 대상과 현상에 대한 마음의 주관적 상태로서의 관심이다. 이러한 관심의 특징은 감정적·비합리적인 요소를 포함하지만, 자극이 주어지면 어떤 특징적인 방식으로 행동을 일으킬 경향이 높다.

둘째, 권력과 재물 등의 개인적 이익을 향한 심적인 태도, 감정이라는 뜻에서의 관심이 있다. 이 경우 관심은 개인의 이익이라는 목적을 효과적으로 달성하기 위하여 적절한 수단의 선택이 필요하다. 이때의 관심은 목적 달성을 위한 계산된 이기적 관심이다.

셋째, 공동의 목표 추구를 위한 공동 관심이다. 어떤 사람이 추구하고 있는 목적을 다른 사람도 자신을 위해 추구하고 있을 때, 이 목적 추구의 관심은 유사관심(類似關心)이다. 이에 비하여 복수의 사람들이 추구하는 관심을 공유하고, 그 목적을 하나의 전체라고 생각하고 있을 때, 이 목적 추구의 관심은 공동관심(共同關心)이다. 이것은 사람들의 협력을 가져오고, 사회의 조화적 발전을 위해서도 필요하다. 공동관심이 성립되는 사회적 기반과 사람들의 공통적인 사회적·심리적 특성을 찾아볼 수 있을 때 공동의 관심권(共同關心圈)이 성립된다.

본 장에서는 Gersten과 Carnine(1981)의 관심에 관한 정의에 따라 교육과정 관심이라는 개념은 '교사가 교육과정을 전개해 나갈 때 갖게 되는 문서화된 교육과정에 관한 감정, 생각, 반응의 의미'로 사용하고자 한다. 물론 이때의 관심은 개인적 이익을 향한 심적 태도·감정으로서의 이기적 관심의 특성과는 거리가 멀다. 이러한 이기적 관심은 교육과정이 추구하는 교육적 관심에서 벗어나 있기 때문이다. 따라서 본 논의에서 교육과정 관심은 대상과 현상에 관한 마음의 주관적 상태로서의 관심만은 관심의 개념으로 제한하고자 한다.

## 2 교육과정 관심 결정 요인

교육과정 관심 이론은 1960년대 후반 텍사스 대학교 교사교육연구소(Research and Development for Teacher Education)의 Fuller와 그의 동료들의 연구로부터 시작되었다. 이들의 연구를 시점으로 교육과정 관심의 영향력을 중시한 일부 학자들(Fullan & Promfret, 1977; Gersten & Carnine, 1981; Hall, George & Rutherford, 1979; Hord 등, 1987)은 교육과정 관심의 단계(정도), 관심

의 개념과 특성, 그리고 관심과 실행과의 관계 등을 밝히고자 노력하였다.

교육과정 관심의 단계를 밝힌 대표적인 연구로는 Fuller(1969)와 Hord 등(1987)의 연구가 있다. Fuller(1969)는 예비 교사들을 대상으로 교육과정에 관한 교사의 관심 발달 단계를 밝히고자 하였다. 그 결과, 그는 교육과정에 관한 교사의 관심이 무관심 단계(unrelated concern), 자신의 역할에 관한 관심(self concern), 교육과정 실행 과업에의 관심(task concern), 그리고 교육과정이 학생에게 미치게 될 영향에 관한 관심(impact concern)으로 발달해 감을 발견하였다. 그가 제시한 교육과정에 관심 발달 단계를 구체적으로 살펴보면 다음과 같다(Fuller, 1969).

첫째, '무관심' 단계의 교사는 새로운 교육과정이 자신과는 무관한 것으로 생각한다. 따라서 이 단계의 교사는 교육과정이 교수 활동과 전혀 관련이 없는 것으로 여기고 교육과정에 관하여 아무런 반응을 보이지 않는다.

둘째, '자신의 역할에 관한 관심' 단계의 교사는 교육과정 실행과 관련하여 자신의 역할을 신장시켜야 할 필요성을 느끼고 자각하는 모습을 보인다. 따라서 이 단계의 교사는 교육과정이 바뀔 때마다 교수 활동이 구체적으로 어떻게 변하는가에 관심을 갖게 된다.

셋째, '교육과정 실행 과업에의 관심' 단계의 교사는 교육과정의 운영과 관리에 초점을 두고 교실에서 교육과정을 실행하는 데 관심을 나타낸다. 따라서 이 단계의 교사는 교육과정을 실제 교수에 효과적으로 적용하는 방법, 적절한 교육과정 실행 시간, 효과적인 교수·학습자료 등에 관심을 갖는다.

넷째, '교육과정이 학생에게 미치게 될 영향에 관한 관심' 단계의 교사는 새로운 교육과정이 수업에 미칠 영향 또는 미래를 살아갈 학생들에게 미치게 될 영향에 관해 관심을 갖게 된다.

Hord 등(1987)은 실제로 교사들이 새로운 교육과정의 변화에 참여할 때 형성되는 관심이 Fuller(1969)가 제안한 관심 발달 단계와 매우 유사함을 발견하였고 이것을 교육과정에 관한 관심도(Stages of Concern: SoC)라고 명명하였다. 그에 따르면, 교육과정 관심[1]은 교사가 교육과정을 인식하는 데 있어 강력한 영향력을 발휘하며, 관심을 통하여 형성된 인식 역시 교육과정의 실행 과정에 큰 영향을 준다. 또한, 그는 교육과정 혁신을 실행하고 있는 사람, 실행할 가능성이 있는 사람이 가질 수 있는 관심을 연구 검토한 끝에 교사자신에 관한 관심업무에 관한 관심 프로그램(교육과정) 결과에 관한 관심의 세 가지 관심으로 구분하고, 이를 단계의 개념으로 설명하였다. Hord 등(1987)은 전술한 세 가지 단계를 세분화하여 교사의 교육과정 관심을 지각, 정보, 개인, 운영, 결과, 협동, 강화의 7가지 관심의 단계로 구분하였다.[2] 그리고 이러한 7가지 관심 단계에 따른 교사의 관심 표현을 다음과 같이 제시하였다.

0 단계인 '지각적 관심'은 교사의 교육과정에 관한 관심이 아직 구체화되지 않은 단계이며, 교육과정에 관하여 특별한 관심을 갖고 있지 않은 무관심 상태이다.

1 단계인 '정보적 관심'은 교사가 교육과정에 관해 보다 많은 정보를 필요로 하는 단계이다.

2 단계인 '개인적 관심'은 새로운 교육과정의 실행이 교사 자신에게 어떠한 영향을 미칠 것인가에 많은 관심을 보이는 단계이다.

1 여기에서 '교육과정 관심'이란 교사가 변화를 실행해 나가는 과정에서 새로운 교육과정에 대해 갖는 나름대로의 감정, 생각과 같은 반응들을 의미한다.

2 교사 자신의 단계는 지각, 정보, 개인적 관심으로, 업무의 단계는 운영적 관심으로, 결과의 단계는 결과, 협동, 강화적 관심으로 구분하였다.

3 단계인 '운영적 관심'은 교사가 새로운 교육과정이 요구하는 운영 지침들을 그대로 따르기 위하여 운영과 관련한 방법에 관심을 보이는 단계이다. 이 단계의 교사들은 대체로 새로운 교육과정이 교사에게 요구하는 지침들을 그대로 따르기에 급급하다.

4 단계인 '결과적 관심'은 새로운 교육과정의 실행이 학생들에게 어떠한 영향을 미치는지에 많은 관심을 보이는 단계이다.

5 단계인 '협동적 관심'은 교사가 학생들의 성취결과를 향상시키기 위해서 동료교사들과 협동하여 교육과정을 실행하고 싶어 하는 단계이다. 협동적 관심을 갖고 있는 교사들은 동료교사들과 자주 의견을 교환하고자 할 뿐 아니라 공동 작업을 통해 교육과정을 보다 성공적으로 실행하고자 한다.

6 단계인 '강화적 관심'은 교사가 현재 실행하고 있는 교육과정을 변화시켜서 실행하고 싶어 하는 단계이다. 강화적 관심을 갖고 있는 교사들은 교육과정의 질을 나름대로 평가한 후, 현재의 교육과정을 어떻게 수정 혹은 보완할 수 있을지 아니면 그것을 대체할만한 보다 질 높은 교육과정은 없는지 등에 대해 많은 관심을 보인다. 이러한 교사의 관심 단계를 표로 제시하면 다음과 같다.

**표 3-1 교육과정에 관한 교사의 관심**

| 관심 단계 | | 관심 내용 |
|---|---|---|
| 결과 | 6. 강화적 관심 | 교육과정을 수정하고 보완하여 더욱 좋은 결과를 가져올 수 있는 방법에 대해 관심이 있다. |
| | 5. 협동적 관심 | 교육과정을 실행함에 있어 다른 교사들과 협동하고 조정하는 데 관심이 있다. |
| | 4. 결과적 관심 | 교육과정을 실행하는 것이 학생들에게 어떠한 영향을 미치는지에 관심이 있다. 교육과정의 학생에 대한 적절성, 학생들의 성취에 대한 평가, 학생의 성취를 향상시키기 위한 방안 등에 관심이 있다. |
| 업무 | 3. 운영적 관심 | 교육과정의 운영과 관리에 관심이 있으며, 정보와 자원의 활용에 관심이 높다. 효율성, 조직화, 관리방안, 시간계획, 이를 구현하기 위한 교재를 준비하는 데 관심이 높다. |
| 교사 자신 | 2. 개인적 관심 | 정보적 관심처럼 공개적으로 표현되지는 않았지만 변화의 초기 단계에서 강하게 나타나는 관심의 단계이다. 이 단계에서는 교육과정을 실행하는 것이 자신과 자기 주변에 어떤 영향을 미치는지 알고 싶어 한다. 새 교육과정 실행에 있어 자신의 역할, 필요한 의사 결정, 기존 조직에 야기할 갈등, 재정적 소요 등을 알고 싶어 한다. |
| | 1. 정보적 관심 | 교육과정이 현재 자신들이 실행하고 있는 것과 어떻게 비슷하고 다른지를 알고 싶어하는 단계이다. 대략적인 것을 알고 있고 좀 더 알고 싶어 한다. 새 교육과정의 특징, 효과, 실험을 위해 반드시 해야 할 사항 등을 알고 싶어 한다. |
| | 0. 지각적 관심: 무관심 | 교육과정에 대해 전혀 관심이 없거나 아직 구체화되지 않았고 변화에 대하여 관여하지 않는다. |

출처: Hord, S. M., Rutherford, W. L. Austin, L. H. & Hall, G. E.(1987). Taking charge of change. Alexandria, VA: Association for Supervision and Curriculum Development. 김경자(역)(1993). 교육과정 혁신. 서울: 교육과학사. p. 58.

이러한 교육과정 관심의 7단계는 각 관심의 단계별 내용은 확연하게 구분하는데 있어 도움은 제공한다. 하지만 관심단계에 되는 내용은 구분되어지나 그 내용들이 서로 배타적인 것은 아니다. 그 이유는 관심 형성 과정에서 교사는 다양한 관심의 단계를 거치게 되며, 단계의 이동에 있어 각 관심의 단계는 서로에게 영향을 미치게 되기 때문이다.

한편, 교육과정 관심의 개념과 특성에 관한 연구로는 Hall, George와 Rutherford(1979)의 연구가 있다. 이들은 교육과정 관심의 개념을 '교사가 자신이 어떤 변화의 과정에 있을 때 자신의 삶에 영향을 줄 교육과정이나 프로그램에 관하여 일련의 감정 혹은 생각, 그리고 반응을 하게 되는데, 이때 느끼는 교육과정에 관한 감정, 생각, 반응 등'이라고 정의하고 있다. 이들은 교육과정 관심의 특성에 대하여 다음과 같이 설명하고 있다.

첫째, 교사의 교육과정 관심은 단계별 구분이 가능하다. 관심은 자신과 관련된 관심으로부터 업무와 관련된 관심, 교육과정 실행의 결과에 관한 관심까지를 포함하고 있다.

둘째, 교사의 개인적 관심은 발달적 성격을 갖고 있다. 변화에 관한 관심은 대부분 단계에 따라 발달적으로 진행하지만, 이러한 진행은 모든 사람에게 똑같은 방식과 같은 속도로 나타나는 것은 아니다. 관심은 물결의 형태(wave pattern)로 발달해 간다. 예를 들어 초기 단계에 해당되는 자신과 관련된 관심은 변화 과정의 초기에 강하게 나타나다가 시간이 경과하면서 그 강도가 점차 줄어들게 되고, 대신 업무에 대한 관심이 점차 높아지게 된다. 그러다가 업무에 대한 관심이 약해지면서 결과에 대한 관심이 높아지게 되는 파도와 같은 모습의 발달이 이루어지게 된다. 이러한 변화의 패턴은 개인 특성(인성적, 심리적), 개인이 경험하게 되는 변화의 종류와 성격, 제공되는 지원의 양과 질에 직접적 영향을 받게 된다.

이와 같은 교육과정 관심과 관련한 연구의 공통점은 교육과정 관심이 관심에만 머무르는 것이 아니라 교육과정 인식과 실행, 특히 실행과 밀접한 관련을 맺고 있음을 주장하고 있는 점이다. Fuller(1969)는 교육과정에 관한 교사의 관심이 교육과정 실행에 강력한 영향력을 발휘한다는 생각을 기반으로 하여 '교사의 관심에 기초한 교육과정 실행 모형(the Concern-Based Adoption Model: CBAM)'을 개발하였다. 이러한 CBAM모형은 현행 혹은 새로운 교육과정에 대한 교사들의 관심과 실행수준을 파악하는데 도움을 주고 있다. Hall, George와 Rutherford(1979)는 교육과정 관심이 실행과 직접적인 관련이 있음을 밝히고 있다. 이들은 Fuller의 관심 단계에 관한 연구를 더욱 확장시켜 어떻게 관심이 형성되는지를 밝히려는 노력과 함께 이러한 관심이 교사의 교육과정 실행의 수준과 어떠한 관련이 있는지 제시하고자 하였다. 이들의 연구는 이후 Hord 등(1987)에 의하여 보다 구체화된다.

Hord 등(1987)은 교사의 교육과정 관심 단계에 따라 교육과정 실행 양상이 달라질 수 있음을 주장하면서 관심에 기초한 교육과정 실행의 단계를 7가지로 구분하여 제시하고 있다.[3]

그러나 교육과정 관심과 관련한 선행 연구의 내용들은 전술한 바와 같이 주로 교육과정 관심의 특성, 교사의 교육과정 관심 단계 측정, 그리고 측정된 관심 단계에 따른 교사의 실행 양상에 있었다. 그 이유는 교육과정에 관한 교사의 관심 단계를 측정하여 관심 단계가 낮은 교사에게 적절한 지원과 처방을 함으로써, 관심의 단계를 향상시키고자 하는데 연구의 초점이 맞추어져 있었기 때문이다. 이는 교육과정 관심의 단계가 높으면 교육과정 실행의 수준 역시 높아질 것이라는 그들의 연구 결과에 기인

3 수준 0(비실행 단계) – 수준 1(탐색 단계) – 수준 2(준비 단계) – 수준 3(기계적 실행 단계) – 수준 4(일상화 단계 및 정교화 단계) – 수준 5(통합화 단계) – 수준 6(개선 단계)

한 것이었다. 따라서 후속 연구들은 관심의 단계에 따른 적절한 지원·처방의 탐색에만 집중되어 있었다. 그 결과, 교육과정에 관한 교사의 관심 형성 과정, 형성 과정에 영향을 미치는 요인을 탐색하고자 한 노력은 상대적으로 미흡할 수밖에 없었다. 물론 교육과정 관심 단계 측정을 위한 도구 개발을 위하여 관심을 결정하는 요인을 탐색한 연구(Hord 등, 1987)와 Fuller(1967)가 관심의 단계를 구분하면서 각 단계에 영향을 주는 요인을 탐색한 연구 등이 있으나 극히 소수에 불과하다(Anderson, 1997).

교육과정 관심에 관한 국내 연구의 양상도 이와 크게 다르지 않다.[4] 이용운(2005)은 교사의 교육과정 관심 수준에 기초한 지원 처방 효과 연구를 통하여 학교 교육과정 개발에 있어 개발 주체인 교사의 교육과정 관심을 강조하고 있다. 강송아(2004)는 유치원 교사의 교육과정 관심도에 따른 유치원 교육과정 운영 실태 조사를 통하여 부산 지역의 유치원 교사의 교육과정 관심 단계가 교육과정 운영에 미치는 영향을 밝히고 있다. 서동숙(2004)은 제6차 유치원 교육과정에 대한 교사의 관심 단계와 실행 정도를 Hord 등(1987)이 제작한 검사 도구와 Moore(1984)가 제작한 검사 도구를 사용하여 측정하였다. 조덕주(2003)는 교육과정 운영 지원을 위한 기초로서의 교사의 개인적 관심과 개인적 지식 탐구라는 연구를 통하여 교사의 개인적 관심이 교육과정 운영 지원의 토대임을 강조하고 있다. 김은주(2001)는 유치원 교사의 교육과정 관심 단계에 따른 실행에 관한 연구에서 유치원 교사의 교육과정 관심 단계에 따라 일과 계획, 수업 준비, 활동 수행 과정에서 차이가 있었음을 밝히고 있다. 박주상(1994)은 교육과정에 관한 교사들의 관심과 활용에 관한 연구를 통하여 교사

4 국회도서관, 국립중앙도서관, 한국교육학술정보원의 자료 검색 결과, 교육과정 관심과 관련한 국내 연구는 박사학위 논문 1편(이용운, 2005), 석사학위 논문 4편(박주상, 1994; 김은주, 2001; 서동숙, 2004; 강송아, 2004)과 학술지(교육과정 연구) 1편(조덕주, 2003)이 전부였다.

들의 관심 정도와 활용 정도를 Hord 등(1987)이 제작한 검사 도구와 Moore(1984)가 제작한 검사 도구를 사용하여 측정하였다.

이처럼 국내 연구 가운데 교육과정 관심의 형성 과정과 형성에 영향을 미치는 요인을 다룬 연구를 찾는 것은 쉽지 않다. 다만 연구 결과에 관한 논의나 결론부분(박주상, 1994; 조덕주, 2003)에서 관심 정도에 미친 영향을 유추하여 소개하고 있을 뿐이다.

이와 같은 국내·외 학자들의 몇 편 밖에 되지 않는 연구 결과를 중심으로, 교육과정에 관한 교사의 관심에 영향을 미치는 요인을 이 책에서는 교사 내적 요인과 외적 요인으로 구분하여 제시하고자 한다. 이러한 구분은 Fuller(1967)와 Hord 등(1987)의 연구에서 제시한 교사의 관심의 발달단계를 토대로 하였다. 교사의 관심이 교사 자신에서 점차 범위를 넓혀 발달해 간다는 그들의 연구 결과[5]를 바탕으로, 교사의 관심에 영향을 미치는 요인을 관심의 발달과정과 관련하여 살펴보고자 하였기 때문이다.

### 1) 교사 내적 요인

교육과정에 관한 교사의 관심을 유발하는 내적 요인으로는 교육과정 선행 지식, 지적 만족 등의 지적 요인과 교사의 신념, 교직과 학생에 대한 애정, 지적 호기심, 승진 욕구, 책무성 등의 정의적 요인을 들 수 있다.

이와 관련하여 홍후조(2002)는 교사의 교육과정 관심 수준과 교사의 경험과의 관계에 관한 연구의 결과를 언급하면서, 일반적으로 경험이 적은 교사들은 경험이 많은 교사들에 비해 낮은 관심 수준(지각-운영 단계)

5 Hord와 Hall(1987, 2002)의 구분을 토대로 자기 자신(self)과 관련한 내용은 교사 내적 요인으로 업무(task), 결과(impact)와 관련한 내용은 교사 외적 요인으로 구분하고 이를 발달의 과정으로 보고 있다.

에 있다고 밝히고 있다. 이러한 결과는 초임 교사들의 특성(학생과 교직에 대한 애정과 열정, 지적 호기심, 기대 등)으로 인하여 의욕은 앞서지만 상대적으로 교육과정 지식(특히, 실천적 지식), 문제 해결 능력 등의 부족에 의한 것으로 볼 수 있다. 따라서 교육과정 관심의 형성에는 열정이나 애정 외에 교사의 교육과정에 관한 기존 실천적 지식이나 문제 해결 능력이 매우 중요한 영향을 미친다.

TEA(Texas Education Agency, 1995)는 교사의 학생에 대한 애정은 교육과정(교과)에 관한 관심과 전문적 지식의 습득에 영향을 미친다는 연구 결과를 제시하고 있다. 또한 Dobson과 Dobson(1983)은 교사 신념과 가치관의 중요성을 교육과정 관심과 관련지어 설명하고 있다. 특히, '잘 형성된 교사의 신념(교수 철학)은 교사의 교육과정 관심에 영향을 미치며, 이러한 관심은 교사의 교수 목적과 내용을 분명하게 만든다. 목적과 내용이 분명하지 않은 교수 행동은 맹목적이며, 목적 없는 교수는 단지 어떤 것을 행하든 의미 없는 행동에 불과하다'라고 주장하고 있다. Brown(1969)은 교사의 신념과 교수 행동 사이에는 상호 관련성이 존재하며, 특정 교사가 지닌 신념은 교수 행동 외에 교사의 교육과정 관심에도 영향을 미치는 주요 요인이 된다고 지적하였다.

### 2) 교사 외적 요인

교육과정에 관한 교사의 관심을 형성하는 외적 요인으로 ① 학생의 지적 수준, 학생의 학습태도 등의 학생요인 ② 교육과정 결정 체제, 교육과정 자료 등의 교육과정 자체 요인 ③ 사회 분위기, 교과서 위주의 교육과정 운영 등의 문화적 요인 ④ 실적 위주의 학교 운영 등의 행정적 요인 ⑤ 입시 위주의 교육 등의 제도적 요인을 들 수 있다.

일부 학자들(곽병선, 1986; 교육부, 1993; 함수곤, 1993; 홍후조, 1999b)에 따르면, 대부분의 교사들은 수업을 위한 설계도인 교육과정에 관한 관심보다는 오히려 교과서나 새로운 교수매체, 각종 자료 등에 오히려 더 많은 관심을 보이고 있다고 한다. 수업설계 과정이나 실행 과정에서 교육과정보다는 교과서로 수업을 계획하고 각종 기자재의 사용과 교과서를 포함한 자료를 가지고 수업을 하는 것에 익숙해져 있다는 것이다. 이렇듯 교육과정에 관한 교사들의 관심이 부진한 데에는 '교과서가 곧 교육과정'이라는 생각을 아무 의심없이 받아들여 왔기 때문이기도 하다.

권낙원·추광재(2005)는 학생들의 지적 수준, 뚜렷한 목표 의식과 실천 의지, 적극적인 학습 태도 등이 교사의 교수 행위에 긍정적 자극을 준다고 주장하고 있다. 이러한 자극은 교사가 교육과정 내용을 상세화, 구조화, 전문화하는 데 일조를 하고 있으며, 이 과정에서 교육과정 내용에 관한 관심이 높아지게 된다.

홍후조(2002)는 교사의 교육과정 관심이 낮은 이유로 입시 위주의 교육현실, 실적 위주의 학교 운영, 교육과정에 관한 교사나 행정가의 전문적 자질 부족, 학부모의 왜곡된 교육관 등의 제도적, 사회적, 문화적 요인을 들고 있다. 입시 위주의 교육은 학교 교육에서 추구해야 할 교육과정의 목적(각 교과의 목적)을 외면케 하고, 교사의 관심을 교육과정보다는 학생의 높은 시험 점수에 매달리게 하는 결과를 낳게 하였다. 또한, 교육과정에 관한 교사의 전문적 자질(교육과정에 관한 이론적 지식, 실행 능력 등)의 부족은 교사가 국가 수준 교육과정의 의도나 취지, 목적과 내용을 해석하고 이해하는 데 어려움을 갖게 한다. 결국 해석과 이해가 힘든 교육과정은 교사의 관심에서 멀어지게 된다는 것이다. 학부모의 왜곡된 교육관 역시 교사의 관심을 교육과정보다는 학부모의 이기적이고 현실적인 요구(시험 결과 등)로 돌리게 한다는 것이다.

이 밖에 교육과정 관심에 영향을 미치는 또 다른 이유로 우리나라의 교육과정 결정 체제를 들고 있다. 그동안 우리나라는 교육과정 개발에 있어 중앙 집중형 교육과정 결정 체제를 채택해 왔다. 그 결과, 교육과정 연구는 국가에서 어떤 교육과정을 개발할 것인가에 관심이 집중되었으며, 학교 현장에서 어떻게 적용되는지에 관한 관심은 미흡할 수밖에 없었다. 적용에 관한 관심의 미흡은 국가에서 개발한 교육과정을 교사가 피동적으로 실행하기만 하면 된다는 생각에 기인한 것이었다. 이러한 관심의 미흡과 교사를 수동적 존재로 바라보는 시각은 국가수준 교육과정의 의도나 취지 등을 충분히 이해하려는 교사의 적극적인 태도 형성에 많은 어려움을 주었으며, 교육과정에 관한 교사의 낮은 관심을 형성하는 요인으로 작용하게 되었다(이용운, 2005).

교사들은 교육과정 개발자와는 달리 교육과정이 교사 자신들에게 미치는 영향(교사의 교수행위, 교육과정 연수, 결과 등)에도 관심을 갖는다. 교육과정 개발자들이 주로 교육과정이 학생에게 어떠한 영향을 미칠 것인가에 관심을 갖는다면 교사들은 교육과정이 교사에게 요구하는 것이 무엇인지, 이를 위해 무엇을 변화시켜야 하는지 등에 관심이 많다는 것이다(Hord 등, 1987). 이는 교사들이 새로운 교육과정을 받아들이고 스스로 변화를 유도하는 데 있어, 새로운 교육과정이 기존 교육과정보다 학생들에게 유익하다는 점을 강조하는 것이 최선의 방법은 아니라는 것을 보여 준다.

앞서 제시한 교육과정에 관한 교사의 관심에 영향을 미치는 요인 외에 Fullan과 Promfret(1977)는 각 나라의 교육문화, 교육제도 등이 교사의 교육과정 관심 결정 요인에 영향을 미친다고 주장하고 있다. 나라마다 교육과정을 바라보는 사회 구성원들의 시각과 관점에 차이가 있을 수 있으며, 이러한 차이는 제도적으로는 국가의 교육 정책에, 문화적으로 학교 문화의 형성, 분위기 등에 영향을 줄 수 있기 때문이다. 이 외에도 Fullan과 Promfret는 교사의 교육과정 관심에 영향을 주는 요인으로 획일적이고 경직된 교육과정 연수 프로그램, 교육과정 자료의 부족, 과다한 잡무와 수업시수, 잦은 교육과정 개정 등을 들고 있다.

여러 학자들이 제시한 교육과정 관심에 영향을 미치는 요인들을 정리하면 다음과 같다.

**표 3-2 교육과정 관심 결정 요인**

| 구 분 | 결정요인 | 결정요인 구성 요소 |
|---|---|---|
| 교사 내적 요인 | 지적 요인 | 교육과정에 대한 사전 지식 정도, 지적만족, 수업기술 향상 |
| | 정의적 요인 | 지적 호기심, 신념, 태도, 가치관, 교직과 학생에 대한 애정과 열정, 승진 욕구, 책무성, 새로운 교육과정에 대한 기대 |
| 교사 외적 요인 | 학생 요인 | 학생 성취수준의 극대화, 학생의 지적 수준, 학생의 성취의욕, 학습태도, 학생의 교과에 대한 관심 |
| | 교육과정 자체 요인 | 교육과정 결정 체제, 교육과정 내용의 과다, 교육과정의 잦은 개정, 교육과정 자료의 양적, 질적 부족, 교육과정 내용의 명료성, 복잡성 |
| | 문화적 요인 | 국가와 사회(지역사회, 학부모)의 교육적 요구, 사회 분위기, 교과서 위주의 교육과정 운영의 고착화 |
| | 행정적 요인 | 실적 위주의 학교 운영, 형식적인 학교교육과정의 편성 및 운영, 학교장의 낮은 교육과정 이해수준, 장학, 연수 |
| | 제도적 요인 | 입시 위주의 교육, 기자재 등의 시설과 자료 |

위 표에서는 교사 내적 요인을 지적 요인과 정의적 요인으로, 외적 요인을 학생 요인, 교육과정 자체 요인, 행정적·제도적 요인, 문화적 요인으로 구분하였다. 이러한 구분은 국내외 몇몇 학자(곽병선, 1986; 교육부, 1993; 홍후조, 1999b; Gersten & Carnine, 1981; Hord 등, 1987)들이 주장하고 있는 분류 방식에 근거하였다. 이들은 교육과정에 관한 교사의 관심 단계를

교사 자신(지각적, 정보적, 개인적 관심), 업무(수업, 행정적 관심), 그리고 교육과정 실행(결과, 협동, 강화적 관심)으로 구분하고, 이에 미치는 영향 요인도 이러한 구분에 근거하여 제시하고 있다. 이를 관심 단계와 비교하여 살펴보면 다음과 같다.

교사의 내적 요인은 전 단계에 걸쳐 영향을 미치게 되며, 특히 지적 요인은 정보적 관심이나 개인적 관심과 관련이 깊다. 새로운 교육과정 내용의 수용 과정에서 교사들은 일차적으로 교육과정 내용이 자신에게 미칠 영향을 생각하게 되기 때문이다(Hord 등, 1987). 또한, 내적 요인은 지각적 관심의 내용과도 관련이 있다. 교사들은 자신의 교육과정 전문성을 높이기 위한 욕구 충족이나 타 교사에 대한 지적 우월감을 위하여 관심을 갖는 경우도 있기 때문이다. 지적 호기심이나 승진 욕구 등의 정의적 요인의 탐색이 이러한 주장을 뒷받침해 준다.

교사의 외적 요인 중 학생 요인은 결과적 관심에, 문화적 요인은 협동적, 강화적 관심에 근거를 두고 있다. 행정적 요인은 행정적 관심에 영향을 미친다. 교육과정 자체 요인의 경우, 교육과정 내용의 명료성, 복잡성 등과 같은 요소는 정보적 관심에 영향을 미친다. 교육과정 결정체제, 잦은 교육과정 개정과 관련된 요소들은 제도적·문화적 요인에 근거를 둔다.[6]

이렇듯 교육과정에 관한 교사의 관심에 영향을 미치는 여러 요인들은 결국 교사 개인에게 영향을 주는 요인들이며, 교사에게 이러한 요인들이 어떻게 작용하느냐에 따라 교사의 교육과정 관심 정도가 결정되어진다.

6 위의 분류 방식에 포함되지 않은 제도적 요인(입시 위주의 교육, 승진 등)은 그 성격상 교사 외적 요인에 포함시켰다.

# 02 탐구하기: 교육과정 인식이란?

## 1 교육과정 인식의 개념

인식(comprehension)이란 개인이 지식을 획득하는 작용 또는 하나의 대상을 식별하는 작용이며, 심리학적으로는 아는 작용(knowing)을 의미한다. 바꾸어 말하면 인식이란 감각 혹은 지각, 기억, 상상, 판단이나 추리 등의 사고 작용의 총칭이라고 할 수 있다.

이러한 인식은 자의적 혹은 타의적 관심이나 필요에 의하여 형성되며 반성적 사고, 지적 욕구 등에 의하여 그 깊이와 폭을 더해 간다. 또한, 인식은 인간의 사고와 삶을 좌우하는 원초적 힘으로서 사물에 대하여 명료한 의식을 갖게 하며, 사물의 성질, 다른 것과의 관계 등에 관한 합리적 판단을 갖게 한다. 이러한 인식의 특성을 살펴보면 다음과 같다.

첫째, 인식은 개인의 삶을 반영하고 있다(Clandinin & Connelly, 1987). 따라서 개인의 인식 형성에 관한 과정이나 수준을 밝히고자 하는 이론적 접근(범위, 유형, 단계, 구성요소)은 매우 어렵다.

둘째, 인식은 구조화되기 어렵다. 인식은 개인의 행위와 사고 안에 내재되어 있는 일련의 가치, 믿음, 규범, 준거 등의 비구조적인 특성을 띠고 있기 때문이다. Clandinin(1985)에 의하면 인식은 개인의 존재를 구성하고 있는 모든 경험들에 의해 채워진 지식이다. 따라서 인식은 한 개인의 사적인 경험에서부터 나오게 되며 그것을 통해 이해된다. 이러한 관점에서 그는 교육과정 인식을 교육과정에 관한 교사의 의식적 지적 구조와 무의식적 신념체계의 결합이라고 보고 있다.

셋째, 인식은 능동적인 내면화 과정을 강조한다(Husu, 2002). 외부에서의 자극은 내면화를 위한 자료일 뿐 인식은 전적으로 개인의 내부, 즉 마음에 달려있다. 인간 내부에는 일종의 동인이 있어 외부의 자극을 의식적, 무의식적으로 통제하며 개인의 내·외적 자극에 대한 경험을 토대로 인식이 형성된다고 보기 때문이다.

넷째, 교육과정에 관한 교사의 인식은 교사의 전문적 지식의 토대이다(Elbaz, 1981). 인식의 형성과 내면화 과정에 있어서 인식은 일정한 목적의식과 맥을 같이 하며 교육에 의해서 형성되는 경우가 대부분이다.

위와 같은 인식의 개념과 특성에 비추어보면, 교육과정 인식은 교사가 교육과정 내용을 지각하고 기억하고 해석하는 등의 사고 작용이며, 이해의 과정이라고 할 수 있다. 이러한 교육과정 인식은 교사의 교직 경험과 교육과정 교육을 통하여 형성된다.

이러한 관점에 따라, 본 장에서는 교육과정 인식의 개념을 교사의 교육과정 지식 정도, 새로운 교육과정 지식을 수용하고 이해시켜 나갈 수 있는 사고 능력으로 정의하였다.

## 2 교육과정 인식 결정 요인

인식은 지식[1]을 기반으로 하고 있으며, 또한 지식이 인식의 대상이 되기도 한다. 지식을 획득하는 과정에서 인지는 필연적 행위이며, 기존 지식을 통해 획득된 사고방식을 기반으로 인지 작용이 이루어진다. 만약 기존 지식이 없다고 한다면, 새로운 지식의 획득은 어렵거나 불가능해지기 때문이다. 이렇듯 지식은 인지와 불가분의 관계를 맺고 있는 것이다. 즉, 교사의 지식은 교사의 인식정도를 결정하는 주요 요인이며, 교육과정 인식 정도는 교사의 지식, 특히 교사의 교육과정 지식[2]과 밀접한 관련을 맺고 있다고 하겠다.

교사의 교육과정 인식은 교사의 교직경험, 교육관, 교직관, 학생의 수준과 특성, 환경, 인성, 적성 등과 당면하고 있는 다양한 상황, 여건의 개입에 의해 형성된 지각과 기억, 사고 작용에 의해 영향을 받는다. 이는 인식이 개인의 지식 획득 작용, 식별하거나 아는 활동(Colton & Sparker-Langer, 1993)이며, 이러한 활동은 개인의 내적·외적 자극과 관련이 깊기 때문이다. 이러한 교사의 교육과정 인식은 이론과 실제의 간극을 줄여

1 Hospers, Lehrer와 Pears(1975) 등에 의하면 지식은 사물지, 사실지, 방법지의 3가지 종류로 나누어진다. 사물지(knowledge about objects)는 인간이 사물 존재 자체에 대해 인식하고 있는 상태를 말한다. 예를 들어 한 개인이 출생 후 본인의 감각기관과 사유 활동을 통해서 인식하고 있는 사물의 지식을 뜻한다. 사물지는 대상을 직접 대면함으로써 아는 것이기 때문에 직접지(knowledge by acquaintance)라고 부르기도 한다. 사실지(knowledge about propositions)는 한 개인이 무엇에 대해 안다(know that)라고 할 때의 지식을 말한다. 이러한 사실지는 사물의 특성, 상태 원리를 나타내는 사실을 아는 지식으로 참과 거짓을 판가름하는 기초가 된다. 방법지(knowledge about know-how)는 무엇을 하는 방법을 아는 지식을 의미한다.

2 교육과정 지식이란 문서화된 교육과정과 관련한 지식 외에 문서화된 교육과정의 내용을 이해하기 위한 교육과정 지식(교육과정 개발, 평가 등)도 포함된다.

주는 역할과 더불어 교수행위의 실제적 근거가 되며, 수업의 질 향상에 중요한 요소가 된다.

이러한 교육과정에 관한 교사 인식의 중요성에도 불구하고, 교사 인식에 관한 연구가 활발하게 이루어지지 않고 있다. 그 이유는 다음의 두 가지로 설명될 수 있다.

첫째, 인식이란 개념이 사고 과정의 결과로서 형성된 개인의 마음과 관련한 용어로 인식의 정도를 객관적으로 파악하기 힘들다는 한계를 가지고 있다. 이러한 한계는 교육과정에 관한 교사의 인식 연구에 걸림돌이 되었으며, 실제 국내에서 교육과정 인식과 관련된 연구는 거의 이루어지지 않고 있는 실정이다.

둘째, 교육행정가나 교육과정 개발자들이 교사를 수동적인 존재로 인식해 왔다는 데 있다(Carter, 1990). 이러한 현상은 교사가 지식의 산출자가 아니라 소비자로 간주되어 온 사회적 문화 때문이다. 그리하여 교사들이 지니고 있는 지식과 교육적인 실천 경험을 통해서 나름대로 얻게 된 지식은 거의 관심의 대상이 되지 못하였다(Clandinin, 1985).

그러나 1980년대부터 인지심리학과 해석학적 패러다임에 기반을 둔 교수 연구자들이 수업 내에서 교사의 지식(또는 인식)이 차지하는 중요성을 재인식하면서 교사 인식에 관한 연구는 미국을 기점으로 1983년부터 1992년까지 급격하게 증가하였다(Grossman & Stodolsky, 1995). 그 내용은 교사가 알고 있는 것은 무엇인가, 지식은 어떻게 저장되는가, 교실 실제에 필요한 지식은 어떠한 과정을 통하여 학습하게 되는가와 관련한 것들이었다. 즉, 교사가 새로운 지식을 학습하는 방법, 새로운 지식을 적용하는 방법, 그리고 기존의 지식과 새로운 지식을 조화시키는 방법 등에 관한 연구들이었다.

최근 교사의 인식에 관한 연구(Clandinin & Connelly, 1987, 2000; Husu, 2002; Hutchings, 2000; Rovegno, 1995; Wood & Bennett, 2000)들은 교실 실제를 중심으

로 한 실천적 원리에 그 기반을 두고 있다. 이들 연구의 대부분은 교사들이 교수 상황에서 느끼게 되거나 접하게 되는 감정이나 특수한 상황[3] 등과 교사 인식과의 관계를 밝히는 연구들이다. 이들에 따르면 교사의 인식은 개인의 인성, 문화적인 측면들과 상호 연관되어지는 행위, 반성적 사고, 지적 능력, 정신, 그리고 사회적으로 적절한 행동 등과 같은 특성(정당성, 타당성, 진실성)들로 이루어진다고 기술하고 있다. 특히, Hoyle(1995), Clandinin과 Connelly(2000) 등은 교사의 인식과 관련한 연구들이 교사의 이론적인 지식 형성에만 중점을 두기보다는 실제 수업 상황에 필요한 지식 형성에 초점이 맞춰져야 한다고 주장하고 있다.

또한, Caldhead(1987)은 교육 이론에 관한 지식은 실제 현장과 더 가깝게 정교한 방식으로 재개념화되어야 한다고 주장하면서, 교육과정에 관한 교사의 인식에 있어 이론적 지식과 실천적 지식의 중요성을 지적하고 있다. 교육과정에 관한 교사의 인식은 교사가 주어진 교수 상황을 해석하고 전문적인 의사결정 및 교수행위 과정에서 형성되기도 한다. 즉, 교사는 수업 상황에서 자신이 기존에 습득한 지식들을 특정한 교수 상황에 맞도록 나름대로 재구성하거나 또는 다른 형태의 지식을 습득하게 된다는 것이다(Elbaz, 1981; Husu, 2002; Shulman, 1986).

이 외에 Pakay와 Stanford(1995) 등은 교사의 인식이란 교직의 전문성을 실현하기 위한 것으로써, 사실, 가치, 변화에 대한 지식의 조직과 관련된 지식이 중요하다고 기술하고 있다. 따라서 교육과정 인식에는 교육과정에 관한 교사의 논리, 이해, 믿음, 신념 등의 요소들이 포함되어야 한다고 주장하고 있다. 또한 교사들은 학생 특성, 교육과정, 교수와 평가, 교실의 기능과 조직, 학교, 학교체제, 학교상황, 사회 문화적 맥락 등에 대하여 지식을 갖추어야 한다고 강조하고 있다.

---

3 교사와 학생 간의 관계, 분위기, 교사의 열성, 교사의 사전 지식, 관심

이처럼 교사 인식의 중요성이 강조되는 이유는 교사 인식이 학생의 인식과 직접적인 관련을 맺고 있기 때문이다. Pakay와 Stanford(1995)에 따르면, 교사의 실천적 논리, 이론과 경험을 통해 형성된 실천적 지식, 교수 신념, 가르치기 위한 학습(전문성 개발), 교사 계발 및 연구 활동, 교사 특성 등이 교사의 인식 형성에 영향을 준다는 것이다. 특히, 실천적 논리와 지식, 가르치기 위한 학습은 교사의 인식에 다른 요인보다 더 큰 영향을 미친다고 이들은 강조하고 있다. 이렇게 형성된 교사의 인식은 학생과 교사와의 상호작용(학생 특성, 학생 학습과 교수 행위, 의사소통, 교과 내용, 교육과정 내용, 교수의 도덕적 차원, 문화에 적합한 교육학)이라는 매개 요소에 의하여 학생의 인식에 영향을 준다. 특히 학생과 교사의 행위(학생의 교사 특성이나 행위의 동일시화)는 시간(대부분 1년)이라는 요소에 의해 학생의 습관, 인식 구조를 바뀌게 하는 데 영향을 준다.

이를 그림으로 나타내면 [그림 3-1]과 같다.

교육과정에 관한 교사의 인식을 다룬 국내 연구들은 그 수가 적을 뿐만 아니라 연구 내용 대부분이 교사의 교육과정 인식 정도가 어떠한지를 다루고 있다.[4] 이와는 달리 김민환(1999)은 교사들의 교육과정 인식과 실천 양상의 이해를 통하여 새로운 교육과정의 보급과 효과적인 운영에 도움을 주는 자료를 제공하고자 하였다. 또한 교육과정에 관한 인식과 실행 요인들 간의 상관관계를 밝히고 있다. 그는 문서화된 교육과정 내용 수준이 교사의 인식에 영향을 끼친다고 밝히면서, 교육과정 내용 수준을 하향 조정할 것과 적극적인 교사 연수를 제안하고 있다.

4 국회 도서관 및 국립 중앙 도서관, 그리고 한국교육학술정보원 검색 결과 인식 관련 학위 논문은 석사학위 논문 6편, 학술지에 실린 논문 5편 뿐이었다. 총 11편의 연구 중 10편의 연구가 새로운 교육과정에 관한 교사의 인식 정도를 다루고 있다.

**그림 3-1** **교사 인식과 학생 인식과의 관계**

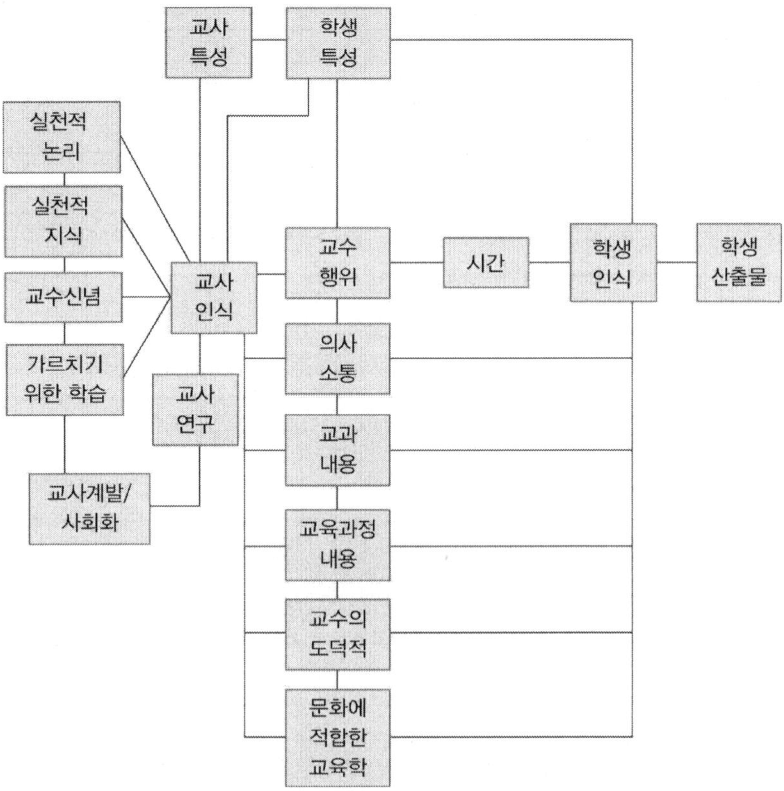


출처: Pakay, E. & Stanford, M. (1995). Teacher expertise. In Lorin W. Anderson(Ed.). International encyclopedia of teaching and teacher education(2nd ed.). PERGAMON.

이와 같은 선행 연구들의 연구 결과를 토대로 교육과정에 관한 교사의 인식에 영향을 미치는 요인도 이 책에서는 교사 내적 요인과 외적 요인으로 구분하여 제시하고자 한다. 이는 교육과정에 관한 교사의 인식이 교사 스스로 교육과정에 관하여 알고자 하는 교사 내부의 자의적 욕구에서 비롯되거나 지시나 강요 등의 교사 외부에 의해서 교육과정에 관한 교사의 인식이 이루어진다는 Barnes(1992), Pakay와 Stanford(1995)의 연구 결과에 근거한 것이다.

### 1) 교사 내적 요인

교육과정에 관한 교사의 인식을 결정하는 내적 요인으로는 교사의 지적 호기심, 책무성, 교육과정 선행 지식, 반성적 사고, 신념 등과 같은 교사 요인을 들 수 있다.

Arends(2004)는 교사가 갖추어야 할 기본적인 요건으로서, 바람직한 교육관의 확립, 교육과정(교과내용과 교수 방법)의 이해, 바람직한 변화를 이끌어내는 능력을 제시하고 있다. 이러한 교사의 요건 중 교육과정의 인식은 다음과 같은 특성에 의하여 형성된다.

첫째, 교사의 경험을 바탕으로 한 지적 기반(knowledge base), 둘째, 다양한 교수 방식(repertoire), 셋째, 반성적(reflection) 사고, 넷째, 평생학습(lifelong learning)이 그것이다. 이와 같은 교사의 지적 기반은 교과, 교실조직, 수업기술, 교수법, 학생의 요구와 흥미, 학교와 지역사회에 대한 지식 그리고 교사로서 자신의 장·단점에 대한 지식 등 여러 종류의 지식으로 구성되며, 대부분 경험을 통하여 형성된다. 교사는 이러한 지적 기반을 토대로 교육과정을 성공적으로 가르칠 수 있는 다양한 수업 전략을 구사한다. Arends(1994)는 이와 같은 수업 전략을 다양한 교수 방식(repertoire)이라고 정의하고 있다. 그는 교사가 실제 교실에서 직면하게 되는 많은 문제들이 고정된 처방이나 공식으로 해결될 수 없는 독특한(unique)것이며, 가치와 우선순위의 문제들로 이루어져 있다고 기술하고 있다. 따라서 교사는 반성적인 문제해결 방식(reflection thinking)으로 직면하는 문제에 접근해야 하며, 자신의 교육과정 인식 수준과 교수를 개선하기 위해서도 평생학습(lifelong learning)의 과정이 필요하다고 주장하였다.

더불어 그는 숙련되고 경험이 풍부한 교사와 초임교사의 인지적 과정 간의 차이를 분석한 연구에서 두 교사가 직면하는 문제에 대해 다르게 생각하고 다른 문제해결 전략을 사용한다는 것을 지적하고 있다. 그에 따르면, 교사의 교육과정 인식의 차이는 교사의 효과적인 교수행위를 매개하며, 이러한 인식을 결정하는 것은 교사의 교수 방법, 교수기술 정도, 일반 지적 수준, 교과 내용 인지 수준, 학력, 경력 등에 의해 이루어진다는 것이다.

Anderson과 Krathwohl(2001)은 교육과정에 관한 교사의 인식 과정을 인지발달 과정 측면(수직적)에서 기억－이해－적용－분석－평가－창의의 단계로 구분하여 설명하고 있다. 그리고 각 인식의 단계에 영향을 미치는 요소로 교육과정에 관한 교사의 관심, 반성적 사고, 교육과정에 관한 교사의 기존 지식, 수업분위기 등을 제시하고 있다.

Colton과 Sparks－Langer(1993)는 교사의 교육과정 지식을 형성하는 요인을 일곱 개의 범주(내용, 학생, 교수법, 맥락, 이전 경험, 개인적 견해와 스크립트)로 제시하면서, 이러한 지식이 인식의 과정을 거쳐 행위(계획, 시행, 평가)로 이어지기까지의 과정을 밝히고 있다.

## 2) 교사 외적 요인

교육과정에 관한 교사의 인식을 결정하는 외적 요인으로는 ① 교육과정 내용의 명확성, 교육과정 자료의 질 등과 같은 교육과정 자체 요인 ② 수업 분위기, 학생 등의 수업요인 ③ 학교환경, 연수 및 장학 등의 환경 요인 ④ 사회적 요구 등의 사회 문화적 요인을 들 수 있다.

Barnes(1992)는 '틀(frame)'이라는 용어를 사용하여 교사가 자신의 과업을 인식하고 실행하는 방식을 설명하고 있다. 교사가 어떤 교수 전략을 선택할 것인지를 결정하는 것은 교사의 '해석 틀'에 달려 있다. Barnes(1992)가 말하는 '해석 틀'이란 보고, 듣고, 느끼고, 이해한 것을 범주화하고 해석하도록 해주는 인식 구조를 의미한다. 그에 따르면, 대부분의 효과적인 교사는 대안을 인식하고 합리적인 선택을 할 수 있는 다양한 해석 틀을 갖는다. 교사가 대안적인 해석 틀을 가질 수 있는 것은 그들이 하는 일과 그 일의 결과에 대해 스스로 비판적으로 반성할 때 가능하다. 이러한 교사의 해석 틀은 교사의 작업 환경을 구성하는 사람, 사건, 구속요인과 상호작용하는 동안 형성되며, 교사의 '철학'과 작업의 객관적 조건(환경, 문화, 제도 등)에 의해 결정된다. 특히 그는 교육과정에 관한 인식 구조의 형성(교육과정 해석틀)을 위해서 교사에게 주어지는 교육과정의 내용이 명확하고 이해가 쉬워야 한다고 주장하였다. 또한, 교육과정 개발 과정에서의 교사 참여 그리고 다양하고 질 높은 교육과정 자료 개발의 필요성을 강조하였다.

Gross 등(1971)은 교사의 교육과정 내용 인식을 위하여 교육과정 내용의 실용성과 타당성을 강조하고 있다. 더불어 교육과정 내용이 교사에게 쉽게 이해되고 다가갈 수 있도록 그 의미가 분명하고 명확해야 할 것을 제안하면서, 교육과정의 개발이 전문가에 의해 개발되지만 실행은 교사에 의해 이루어지고 있음을 간과하지 말 것을 강조하고 있다.

Leinhardt와 Smith(1985)는 교사의 교육과정 인식의 결정 요인으로 교사의 교과에 관한 지식과 수업구조 지식을 들고 있다. 그들이 제시한 교과에 관한 지식이란 교수-학습에 관한 이론적 지식, 교과 목적과 내용에 관한 지식, 교육 공학적 지식을 의미한다. 그리고 수업 구조 지식이란 수업의 운영과 전개에 필요한 경험적 지식을 의미하며, 학생에 대한 지식(학생의 능력, 인성 등)을 포함한다.

Elbaz(1981)에 의하면, 실천적 지식이 교사의 교육과정 내용의 인식에 결정적 영향을 미치고 있음을 주장하였다. 이러한 실천적 지식은 교사 자신이 수업 과정에서 부딪히는 문제를 해결하는 과정에서 주로 형성되며, 이 과정에서 교육과정 내용에 관심을 갖게 된다.

Blenkin과 Kelly(1981)는 초등학교 교사의 교육과정 인식이 낮은 이유에 대하여 ① 교사의 수업 준비 시간의 부족 ② 교육과정에 관한 기본 지식의 부족 ③ 교육과정 학습 자료의 부족 때문이라고 제시하고 있다. 또한, 이를 위한 해결 방안으로 교사의 수업 연구 시간의 확보, 연수 및 장학 프로그램의 개선, 다양한 학습 자료의 개발을 들고 있다.

민윤(2003)은 초등학교 교사의 교육과정 인식 형성에 미치는 요인을 다음과 같이 제시하고 있다. 첫째, 교과 내용에 관한 지식(교육과정에 관한 이해 등) 둘째, 교수 과정에 관한 지식(학습 활동의 조직, 다양한 교육과정 자원 및 교수·학습 매체에 관한 이해) 셋째, 학습자에 관한 지식(아동의 특성 이해, 아동의 수준 이해 등) 넷째, 교수 상황에 관한 지식(학교 및 학급의 크기, 행·재정적 지원의 양상, 학교장의 교육관, 지역적 특성 등)

Bronfenbrenner(1988)는 교육과정 내용과 관련하여 교사의 지식 형성에 직접적인 영향을 미치는 요인으로 학구적인 학교 분위기, 개방적인 학교 환경, 연수 및 장학 등을 들고 있으며, 간접적으로 영향을 미치는 요인으로 학부모나 학생, 그리고 행정가가 원하는 교사의 자질 등을 들고 있다.

이러한 교사의 교육과정 인식에 영향을 미치는 요인들을 교사 내적 요인과 외적 요인으로 구분하여 정리하면 <표 3-2>와 같다.

**표 3-2** 교육과정 인식 결정 요인

| 구분 | 결정 요인 | 구성 요소 |
| --- | --- | --- |
| 교사 내적 요인 | 교사 요인 | • 기존 교육과정에 대한 인식(필요, 실용성, 자료의 질)<br>• 교사의 신념, 태도, 인성<br>• 학문과 학생에 대한 열정과 애정<br>• 반성적 사고<br>• 기존 교육과정에 관한 지식 정도(교과내용, 방법, 기술 등) |
| 교사 외적 요인 | 교육과정 자체요인 (교과 요인) | • 교육과정 내용의 명확성과 복잡성<br>• 필요와 타당성<br>• 자료의 질<br>• 실용성<br>• 교육과정 결정 체제 |
| | 수업 요인 | 수업과정 문제상황, 실천적 지식, 학생, 수업분위기 |
| | 환경 요인 | • 학교환경(폐쇄적, 개방적)<br>• 학교 분위기(민주적, 학구적, 구성원 간의 레포 정도)<br>• 교육과정 홍보<br>• 교육과정 연수 및 장학 |
| | 사회 문화적 요인 | • 사회적 요구(행정가, 학부모, 학생의 요구)<br>• 지역사회의 문화 수준(다양한 지적 문화의 경험과 축적) |

# 03 실천하기: 교육과정 실행이란?

## 1 교육과정 실행의 개념

교육과정 실행이란 용어는 교육과정 이행, 적용, 실천 등과 혼용되어 사용되고 있다. 이러한 용어의 모호성은 교육과정 실행의 의미를 이해하는데 어려움을 제공한다. 이와 관련하여, 박도순(2006) 등은 교육과정 실행과 적용, 응용의 의미를 실행 수준의 정도와 관련된 개념으로 설명하고 있다. 즉, 교육과정 실행은 외부에서 개발한 것을 단순 적용(adaptation)하는 데서 비롯하여, 수정하거나 재구성하는 응용(application)과 실행자들이 직접 창출(creation)하여 실천하는 수준으로 구분된다는 것이다. 그리고 수준에 따라 교사들의 교육과정 실행수준을 일반적으로 모방유지 수준, 중간변형 수준, 창의적 개발 수준의 세 수준으로 나누고 있다.

김민환(1999)은 교육과정 실행의 개념을 교육과정 실천(curriculum practice)과 교육과정 실행(curriculum implementation)으로 구분하여 설명하고 있다. 그에 따르면, 교육과정 실천이란 학교 교육과정에 관련된 각종 문서상의 내용을 학생들에게 가르치는 과정과 활동을 의미하며 교육 내용을 가르치기 위한 계획으로부터 구체적인 교수·학습 활동까지를 포함하는 개념이다. 교육과정 실행이란 교육과정 계획과 교육과정 평가 사이에 위치하는 절차로 교육과정의 실제적 사용 혹은 교육과정이 실제로 이루어지는 것이다. 즉, 교육과정 실행이란 교육과정의 계획의 구현과정이라는 것이다.

Zais(1976)와 Barrow(1984) 역시 교육과정 실행이란 개발된 교육과정을 실행에 옮기는 것이라고 정의하면서 교육과정 실행은 교육과정의 효과에 대한 사정과 교육과정 설계와 개발에 피드백을 제공한다고 설명하고 있다.

이와 같이 교육과정 실행에 대한 정의는 학자마다 그 범위에 있어서 다양하게 규정하고 있으며, 실행(Implementation)을 시행, 운영, 적용 등 여러 가지 용어로 사용하고 있다. 이러한 실행의 특성을 살펴보면 다음과 같다.

첫째, 실행은 실행하는 사람의 인식을 구체화·형상화·구조화하는 과정이다. 실행을 위해서는 실행할 내용과 방법이 선정되어야 하며 이는 인식의 형태로 존재한다. 이의 전달을 위해서는 실행해야 할 내용과 방법의 구체화·형상화·구조화 과정을 거치게 된다.

둘째, 실행은 실행하는 사람의 지적 능력과 경험에 의해 서로 다른 양상을 보인다는 것이다. 이러한 실행의 특성은 실행자의 인식의 정도에 따라 실행 양상과 정도가 달라진다.

교육과정은 학생을 대상으로 교육목적을 성취하기 위해 개발되는 것이다. 개발된 교육과정이 본래 의도하는 교육목적을 성취하기 위해서는 교육현장에서의 실행은 필연적이다. 개발은 실행의 의미를 함의하고 있으며, 실행을 통해서 그 가치가 인정된다. 예컨대, 국가나 해당 교육청, 그리고 개별 학교에 의해 개발 혹은 재구성된 교육과정은 교사에 의해 이해되고, 교실수업에서 성공적으로 실행되었을 때 비로소 의도하는 교육목적 성취가 가능해진다. 이 과정에서 교사는 실행 내용을 구체화하는 작업(구조화, 예시, 비유 등)을 거치게 된다. 즉, 국가 수준에서 의도, 계획한 교육과정이 학생에게까지 이어지기 위해서는 교사가 문서 상의 교육과정을 잘 이해한 상태에서 교육과정을 실행하는 것이 무엇보다 중요하다고 볼 수 있다.

또한 학생의 수준이나 상황에 따라 내용의 재구성, 재해석의 과정이 필요한 경우가 발생하기도 하는데 이 경우 구체화·형상화 등의 과정이 요구된다. 이 과정에서 교사의 교육과정에 관한 이해는 필수적이다. 이와 관련하여 Steller(1982)는 '완전하다고 하는 교육과정 계획도 해당 기관이나 개인에 의해 이해되지 않는다면 무의미하다'라고 주장하였으며, 곽병선(1986)은 '아무리 좋은 의도를 담은 계획일지라도 학교수업에서 사용되지 못하고, 교사의 교육과정 이해가 부족하여 수업을 이끌지 못하고, 학생들의 교육력 성취에 작용하지 못하는 것은 교육과정이 되지 못한다'라고 주장하고 있다.

이와 같이 교육과정 실행은 개발된 교육과정을 교사의 기계적인 적용으로부터, 재구성하는 응용과 창조적으로 실천하는 의미를 모두 포함하고 있다. 따라서 본 장에서는 교육과정 실행 개념을 활용, 운영, 적용 등의 개념과 구분하지 않고 문서화된 교육과정을 수업 실제에 실천해 나가는 과정 또는 활동이라는 의미로 정의하고 있다.

## 2 교육과정 실행 결정 요인

교육과정 실행은 교사들에 의해 좌우된다. 교사가 교육과정 상의 변화를 얼마나 중요하게 보느냐, 그리고 교육과정을 올바로 실천하는 데 필요한 지식과 방법을 알고 있느냐, 교사가 보다 나은 수업 개선을 위하여 기존의 태도나 수업방법을 스스로 고쳐나갈 수 있는 변화 지향적 자세를 갖추었느냐 등이 교육과정 실행에 중요한 관건이 된다.

중앙정부에서 교육과정을 아무리 잘 만들어 제시하고 설사 수업자료까지 완벽하게 개발한다고 해도, 교사가 그것을 중요하게 여기지 않고 자신의 수업과정에 적절히 적용하지 않으면 교육과정의 실효는 거두기 힘든 것이다. 따라서 교육과정의 실행을 제고하기 위해서는 교사의 이해와 실천이 중요하다는 것이다.

교육과정 실행이 현실적으로나 학문적으로 중요한 문제로 간주되기 시작한 것은 비교적 최근의 일이다. 그동안 교육 개혁, 혹은 교육과정 변화의 노력은 실행보다는 교육과정 개발을 통한 방향 제시에 더 주의를 기울여왔다. 실제로 교육과정이 현장에 어떻게 정착되고 있는지에 관한 관심은 상대적으로 부족했다. 뿐만 아니라, 교육과정을 시행하는 과정에서 현장이 겪는 문제를 지속적으로 보살피고 해결하려는 노력도 미흡한 상황이었다. 학문적으로도 교육과정 실행이 주요 관심사로 부각된 것은 지난 1970년대 말부터이다(Ornstein & Hunkins, 1988).

더욱이, 국내에서는 교육과정 실행에 대한 연구를 아직까지도 찾기가 쉽지 않다. 교육과정 현상에 관한 국내 연구의 대부분이 교육과정 개발 및 개정 과정에 초점을 맞추어져 있기 때문이다. 이에 비하여 개발된 교육과정이 현장에 적용되는 과정에서 나타나는 문제들의 원인을 밝히거나 실제 실행 양상을 분석한 연구물은 상대적으로 적은 편이다(곽병선, 1989; 김민환, 1999).

교육과정 실행 연구의 부족은 제 7차 교육과정과 관련해서도 마찬가지이다. 교육부와 한국교육개발원에서 발간한 제 7차 교육과정과 관련된 책자나 위탁 연구물 역시 대부분 새로운 교육과정의 개발 및 운영 준비에 초점을 맞추고 있다. 예외적으로 교육부 위탁 과제인 김재복 외(1996)의 연구가 설문조사와 면접조사를 통해 6차 교육과정의 편성 및 운영의 실태에 대한 현장 보고를 하고 있을 뿐이다. 따라서 본 연구에서는 국외 연구의 예를 중심으로 살펴보고자 한다.

Kimpston(1987)은 계획된 교육과정이 실제 가르친 것과 일치하는 정도를 알아보기 위한 연구에서 다음과 같은 결론을 내렸다.

첫째, 계획된 교육과정과 실제 가르쳐진 것과는 많은 차이가 있으며, 그 차이는 초등학교보다 중등학교 교사들에게 더욱 심하게 나타났다. 둘째, 교육과정 실행의 중요한 전략 중 하나는 '현직 연수'이며, 자원제공, 피드백 제공, 교육과정 개발과 의사결정에 대한 교사참여 등이 교육과정의 실행을 촉진한다. 셋째, 교육과정에 관한 높은 관심이 교육과정의 실행을 촉진한다. 넷째, 교사의 교육과정 실행의 충실도는 관찰법, 인터뷰, 설문지법, 교사들이 사용하는 주요 문서 분석 등을 통해 효과적으로 측정할 수 있다. 다섯째, 교육과정이 채택되는 일차적인 곳은 교실이며, 실행수준은 실행 과업을 지각하는 정도에 달려있음을 시사하고 있다. 또한, 그는 계획된 교육과정에 대한 실행 정도를 측정하는 가장 타당한 방법으로 수업관찰을 들었다.

Moore(1984) 등은 두 종류의 교육과정 지침서를 선정하여 각각에 대한 자기보고식 설문지를 만들어 교사들의 활용도를 측정하였다. 이들은 이 연구에서 교사들의 활용도 수준을 수준1: 비활용(non-use), 수준2: 활용준비(preparation), 수준3: 기계적 활용(mechanical use), 수준4: 일상적 활용(routine use), 수준5: 창의적 활용(modified use)으로 나누었다. 연구결과 대다수 교사들은 수준3 또는 그 이상의 수준에서 활용하고 있었으며, 교육과정 실행의 장애요인으로는 첫째, 지침서를 읽고 내면화할 시간의 부족, 둘째, 수업자료와 시설의 부족, 셋째, 교사들 간의 의사소통 부족, 넷째, 과다한 업무, 다섯째, 다른 우선적인 업무, 여섯째, 집단 계획의 결여 일곱째, 현직 연수의 결여 등을 들었다.

Loucks, Newlove과 Hall(1975)은 교육과정 실행의 의미를 교육과정 관심과 관련지어 설명하고 있다. 이들은 교사의 교육과정 관심 정도에 따라 교사의 교육과정 실행 형태가 다르게 나타나며, 이를 <표 3-3>과 같이 8개의 단계로 세분화하여 설명하고 있다. 이들은 교육과정 실행 형태를 8개의 단계로 구분한 이유에 대하여 다음과 같이 기술하고 있다.

**표 3-3 교사의 교육과정 실행수준 및 양상**

| |
|---|
| 수준 0—비실행(Non-Use) 단계<br>교육과정 내용에 대해 거의 혹은 전혀 알지 못하고 실행도 하지 않으며, 그것의 실행을 위한 어떠한 조치도 취하고 있지 않는다.<br>정점 A : 교육과정 내용에 대해 보다 자세한 정보를 얻기 위해 행동을 한다. |
| 수준 Ⅰ—탐색(Orientation) 단계<br>교육과정 내용에 대해 알고 있거나, 정보를 얻고 있으며, 교육과정이 의도하는 바와 실행에 필요한 조건들을 탐색하고 있다.<br>결정점 B : 교육과정이 의도하는 바를 파악하고, 이의 실행을 결정한다. |
| 수준 Ⅱ—준비(Preparation) 단계<br>교육과정을 실행하려고 준비하고 있다.<br>결정점 C : 교육과정을 실행하기 시작한다. |
| 수준 Ⅲ—기계적 실행(Mechanical use) 단계<br>자신의 교육과정 실행을 뒤돌아 볼 여유도 없이 하루하루의 단기적 교육과정 실행에 모든 노력을 기울인다. 실행은 학생들의 필요보다는 실행자인 교사의 필요에 의해 변화된다. 실행자인 교사는 무엇보다도 교육과정 혁신의 실행에 요구되는 업무들을 익히는데 노력을 기울인다. 실행은 대체로 체계적이지 못하고 피상적인 것이 된다.<br>결정점 D—1 : 한 가지 실행의 형태가 일상화된다. |
| 수준 Ⅳ A—일상화(Routine) 단계<br>교육과정의 실행이 안정적이다. 교육과정을 실행하는 데 있어서 어떠한 수정도 없다. 교육과정의 실행과 그 결과를 개선하려는 생각이나 준비는 전혀 없다.<br>결정점 D—2 : 학생의 학습결과를 향상시키기 위해 공식적 혹은 비공식적인 평가에 근거하여 교육과정의 실행을 수정한다. |
| 수준 Ⅳ B—정교화(Refinement) 단계<br>교육과정의 대상자(예, 학생)에 대한 효과를 높이기 위해 실행을 변형한다. 이때 실행의 변형은 학생에게 미치는 단기적이고 장기적인 결과들에 대한 정보에 근거한 것이다.<br>결정점 E : 동료들과 협력하여 학생들에게 맞도록 교육과정 실행을 변화시켜 나간다. |
| 수준 Ⅴ—통합화(Integration) 단계<br>가능한 영역에서 학생들에게 영향력을 미치기 위하여 교육과정 내용과 관련있는 동료교사들의 활동을 자신의 교육과정의 실행에 결합시킨다.<br>결정점 F : 현재 실행하고 있는 교육과정 내용의 대안을 찾거나 대폭적인 수정을 시도하고자 한다. |

출처: Hord, S. M., Rutherford, W. L. Austin, L. H. & Hall, G. E.(1987). Taking charge of change. Alexandria, VA: Association for Supervision and Curriculum Development. 김경자(역)(1993). 교육과정 혁신. 서울: 교육과학사. p. 94-95.

첫째, 교사들이 교육과정을 운영하는 방식에 차이가 있고 거기에 따라 적절한 지원조치 및 연수프로그램을 실행함으로써 교사들의 실행수준을 높일 수 있기 때문이다.

둘째, 실행의 각 단계는 교사 행동의 영역을 포괄해주고 있지만 다음 수준으로 이행하고 있음을 표시해주는 결정점(decision point) 행동에 의해 그 수준의 한계가 결정된다. 예를 들어 교사가 새로운 교육과정에 대해 알고자 어떠한 행동을 취하게 될 때, 그는 결정점 A에 도달하게 되고 실행 수준 0에서 I로 이동하게 된다(Hord et al, 김경자 역). 즉, 교사의 교육과정 실행 양상을 통해 교사의 실행 수준을 파악할 수 있다는 것이다.

그러나 이러한 교사의 교육과정 실행 단계는 교육과정 실천가로서의 교사의 행동을 묘사해 주는 것으로서 교사의 태도나 동기, 다른 정의적인 측면에 초점을 두고 실행(실제 교육과정 교수 행위 혹은 교수 행위)과의 인과관계를 직접적으로 설명하기 위한 것은 아니다. 실행수준의 개념은 교육과정을 실행하는 교사가 실제 무엇을 가르치고 있는가(행하고 있는가)를 조작적(operationally)으로 규명하려는 시도에서 나온 것이다.

Marsh와 Willis(1999)의 조사에 따르면 교사들의 80%이상이 일상화 단계의 실천을 할 뿐 교육과정을 세련시키거나 개선하는 이들은 많지 않다. 그 다음으로 기계적 실천을 하는 교사들이 8%정도, 정교화 단계의 실천을 하는 교사들은 6%에 지나지 않는다고 한다. 교사들이 이처럼 낮은 실행 수준을 보이는 이유에 대하여 그는 다음과 같이 두 가지로 해석하고 있다.

첫째, 교사의 교육과정 관심과 인식의 정도가 낮기 때문에 실행의 수준이 낮을 수밖에 없다는 것이다. 교육과정의 잦은 개정과 교육과정 용어의 난해성 등의 요소들이 교사의 교육과정에 관한 관심과 인식을 낮게 하고, 그 결과 실행에서도 낮은 수준을 보인다는 것이다.

둘째, 높은 관심과 인식에도 불구하고 실행하는 그 자체에 많은 어려움이 따르기 때문에 낮은 실행수준을 보인다는 것이다. 즉 관심과 인식의 정도에는 상관없이 실행에 영향을 미치는 요인은 따로 존재한다는 것이다. 특히, 교사의 실천 의지, 신념, 철학 등 교사의 인성적 특성이 실행에 큰 영향을 준다는 것이다. 교사의 약한 실천의지와 신념 등이 낮은 실행수준을 형성하게 하는 요인이라는 것이다.

Schwab(1978)은 교육과정 실행에 영향을 주는 요인들을 4가지 상위 요인과 그에 따른 하위 요인으로 구분하여 설명하고 있다. 그는 교육과정 실행에 영향을 미치는 상위 요인을 학습자, 교사, 교과, 환경으로 구분하면서, 학습자 요인의 하위 요인으로 연령, 발달단계, 인종, 성, 경제적 배경, 태도, 이전의 학습경험을 들고 있다. 교사요인의 하위요인으로는 관심, 능력, 요구, 참여, 동료와의 상호작용, 행정적 지도력과 협조, 학습매체, 시간 등을 들었다. 교과요인의 하위 요인으로는 교과의 내용과 형식, 교과의 목적과 방법의 명료성, 학습매체의 실용성(실제성)을 들고 있다. 환경요인의 하위 요인으로는 지역과 학교의 특성, 학교와 지역사회의 조직력과 신뢰감, 교사들 간의 조직적 활동, 교육과정 운영에 관한 홍보 및 정보 제공, 의사소통, 정책 결정, 재정적 지원, 기술적 원조 등을 들고 있다.

1980년대 초기에 Fullan(1982)은 교육과정 실행에 영향을 미치는 요인에 관한 여러 문헌들을 인용하여 교육과정 실행에 영향을 미치는 요인들의 목록표를 만들었다. 이 요인들은 교육과정 변화의 속성, 학교구의 특성, 한 단위로서 학교의 특성, 그리고 지역학교체제의 외적인 요인들로 구성되어 있다.

그 내용은 <표 3-4>와 같다.

**표 3-4 교육과정 실행에 영향을 미치는 요인**

A. 변화의 특성
 1. 변화의 요구의 정당성
 2. 명확성
 3. 복잡성
 4. 프로그램(자료)의 질과 실천 가능성

B. 교육청 수준에서의 특성
 5. 교육과정 변화 시도의 역사
 6. 채택과정
 7. 중앙 행정 지원과 관여
 8. 교직원 연수(현직)와 참여
 9. 시기 문제와 정보 체제(평가)
 10. 위원회와 지역사회 특성

C. 학교 수준에서의 특성
 11. 교장
 12. 교사 간의 관계
 13. 교사 특성과 경향

D. 외부 지원
 14. 정부의 역할
 15. 외적 도움

출처: Fullan, M.(1982). The meaning of educational change. New York: Teachers College Press. p. 56

또한, Parsons(1987)는 Fullan의 연구를 바탕으로 효과적인 교육과정 실행을 촉진시키기 위한 중요한 요인을 <표 3-5>과 같이 제시하고 있다.

**표 3-5 효과적인 교육과정 실행 요인**

1. 시간의 필요—실험하기 위한 시간, 변화시키려는 태도 형성을 위한 시간
2. 변화를 위한 기술—행동의 단계화된 계획이 요구
3. 학교문화 인식—상황적 조건의 인식
4. 자극과 보상의 제공
5. 협동과 공유를 위한 장소
6. 변화를 위한 에너지
7. 협동적 틀—지역적, 협동적 집단의 가치 인식
8. 지도력
9. 체제 수준의 문화 인식—전체적인 정책의 인식
10. 정치적 시각 필요—이익 집단과의 만남 유지
11. 협력자 필요—지역과 학교에서 합법성과 지지를 위한 협력자 필요
12. 개인의 역할 인식

출처: Parsons, C.(1987). The curriculum change game. London: Falmer Press. pp. 220-224.

Marsh와 Willis(1999)는 교사의 교육과정 실행에 있어서 교사의 교육과정 지식, 교사의 실천 의지와 신념, 성실성 등의 교사 내적 요인의 중요성을 강조하고 있다. 그리고 이러한 내적 요인을 지적인 영역과 정의적 영역으로 구분하고, 정의적 영역(교사의 실천 의지, 신념 등)을 특히 강조하고 있다.

이와는 달리, Fullan(1982)은 교사 내적 요인보다는 교사를 둘러싼 사회·문화적 요인, 학습자 요인, 교육과정 자체 요인 등을 교사의 교육과정 실행에 중요한 영향을 미치는 요인으로 지적하고 있다. 그에 따르면 대부분의 교사들은 선발과정을 통하여 지적 능력, 인성 등이 검증되었으며, 교사 양성 기관을 통하여 교육과정 지식, 인성 등에 관한 교육이 지속적으로 이루어졌기 때문에 교육과정 실행이 제대로 이루어지지 않는 이유를 교사 외부에서 찾아야 한다는 것이다.

본 장에서는 선행 연구들의 분석 결과를 토대로 교사들의 교육과정

실행 수준에 영향을 미치는 요인들을 교사의 내적 요인과 외적 요인으로 구분하여 탐색하였다. 그리고 Marsh와 Willis의 연구에 근거하여, 교사의 내적 요인을 지적 요인과 정의적 요인의 두 부분으로 구분하였다. 또한, Fullan(1982)의 연구 결과를 토대로, 교사의 외적 요인을 교육과정 자체 요인, 학습자 요인, 사회·문화적 요인으로 구분하여 논의하고자 하였다.

이러한 구분은 교사의 내적·외적요인에 해당하는 세부 요인들이 교사의 교육과정 실행을 결정하는 데 어떠한 관계가 있는지 기술하고자 하였기 때문이다.

### 1) 교사 내적요인

#### (1) 지적 요인

권낙원(1986)은 교육과정에 관한 교사들의 인식발달과 관련한 연구에서, 교사의 인식발달이 효과적인 수업에 직접적인 영향을 미치고 있음을 밝히고 있다. 교사의 인식발달이 효과적인 수업에 영향을 미친다는 의미는 인식발달이 수업의 질과 연관이 있음을 시사하고 있다. 연구에 따르면, 높은 개념 수준(인식수준)에 있는 교사의 행동은 보다 능동적, 반응적, 적응적, 공감적이라고 기술하고 있다. 높은 개념 수준에 있는 교사들은 학생의 요구에 적합한 수업전략을 사용하고 있으며, 효과적인 수업 행동을 보여준다는 것이다.

McNeil(2003)에 따르면, 대부분의 초임교사는 자신만의 비전을 개발할 시간을 갖지 않는다고 한다. 그리고 경력교사는 교육전문가나 행정가와 같은 외부 권한들로부터 제공된 새로운 교육과정과 교육과정 자료들을 중요하게 생각한다고 밝히고 있다. 경력교사는 외부 권한들로부터 제안된 이론과 아이디어와 활동으로 구성된 새로운 교육과정이나 교육과정 프로그램에 대하여 능동적으로 수용하고 이러한 과정이 자신의 교과 지식과 교수 방법에 도움을 줄 것이라 기대하기 때문이라고 하였다. 결론적으로 McNeil은 경력교사일수록 교육과정에 관한 지적 수준이 높으며 이는 교사의 교육과정 실행 수준에 긍정적인 영향을 준다고 주장하고 있다.

### (2) 정의적 요인

Thelen(1981)은 교사의 인성적 특성에 따라, 교사의 유형을 철학자, 동네통장, 공장의 장인, 직장의 상사, 운동코치와 같은 다섯 가지 유형으로 나누고 각 유형과 관련하여 교사의 교육과정 실행에 차이가 있음을 밝히고 있다. 그런가 하면, Mann(1977)은 전문가, 형식적 권위자, 사회화 촉매자, 조장자, 이상적 자아, 평범한 인간이라는 여섯 가지 교사의 모습으로 교수의 유형을 구분하고 있다. 이러한 구분은 교사의 심리적 혹은 인성적 특성이 교사의 교육과정 실행에 영향을 미친다는 것을 보여준다. 그 외 교육과정 실행에 차이를 가져오는 교사의 심리적 특성에 관한 연구에 의하면 교사의 능력과 관심(권낙원 외, 1984), 교사의 신념과 태도(김민환 외, 1999), 교육 경력(김성경, 1996) 등이 영향을 미치는 것으로 보고되었다. 특히, 권낙원(1986)에 따르면 교사의 자아, 도덕성 등의 정서적 혹은 정의적 특성이 교사의 수업실제 행위와 교수과정에 큰 영향을 미치는 것으로 기술하고 있다. 또한, 교사의 정서적 혹은 정의적 측면은 수업실제, 교사와 학생과의 관계, 학습과정에 커다란 영향을 미치고 있으며, 이에 따라 교사의 교육과정 실행에 서로 다른 양상이 나타나고 있음을 보여주고 있다. 특히, 자아와 자신의 도덕성에 관한 관심은 자신의 일(교수)에 대한 반성적 사고를 제공하며, 이는 교사의 정서적 혹은 심리적 발달에도 영향을 미치게 된다. 이러한 연구 결과는 교사의 심리적 요인이 교사의 교수행위의 발달에 결정적 요인임을 드러내고 있을 뿐만 아니라 교육과정 실행 수준에도 영향을 미치고 있음을 의미한다.

## 2) 교사 외적 요인

### (1) 교육과정 자체 요인

교육과정 실행에 영향을 주는 교육과정 자체 특성으로 Gross, Giacquinta와 Bernctein(1971), Pellergrin(1973)은 '명확성'과 '복잡성'을 제시하였다. 그들은 교사 사례연구를 통해 교육과정이 명확하고 구체적으로 진술되어야 함에도 불구하고 모호하고 추상적이고 개괄적인 용어로 진술되어 있어서, 연구에 참여한 대부분의 교사들이 교육과정의 중요한 특징들을 파악하지 못했다고 제하고 있다.

교육과정이 명확하게 진술되어 있지 않으면 투명성이 결여되고, 사용자가 교육과정을 정확하게 이해하지 못해 좌절을 경험하게 되며, 결과적으로 교육과정 실행정도가 낮아지게 된다. 이 문제를 해결하기 위해서는 교육과정 개발자들이 의도 및 목적, 내용과 같은 교육과정의 특성을 상세하고 분명하게 진술해야 한다. 복잡성도 교육과정의 실행에 영향을 미친다. 복잡성은 교육과정이 요구하는 변화의 어려움과 새로움의 정도를 의미한다. 즉, 복잡성이 클수록 교육과정이 요구하는 변화를 실천하기 어려우며 그 안에 새로운 요소가 많아진다. 예를 들어 미국의 '탐구중심 교육과정'에서 교사의 수업전략이나 교사－학생간의 역할 관계 등과 같은 교육과정 요소의 실행은 수업절차, 자료의 사용과 같은 교육과정 요소보다 더 낮은 실행율을 보였다(Bronfenbrenner, 1998). 이는 교육과정의 복잡성이 커지면 교육과정 실행율이 감소하고, 하나의 교육과정을 구성하는 요소들 사이의 실행 정도에 차이가 난다는 것을 의미한다 (이러한 점에서 복잡성과 교사의 지적 수준과의 관계 밝힐 필요 있음). 복잡성은 또한 명확성에도 영향을 미쳐서, 복잡성이 증가할수록 명확성이 떨어지게 된다.

김두정(1996)은 실행에 영향을 미치는 교육과정의 특성으로 필요와 타당성, 복잡성, 자료의 질과 실용성을 들고 있다. '필요'는 교사가 새로운 교육과정의 필요성을 공감하는 것이고, '타당성'은 교육과정이 사회적·교육적 요구에 부합하는 정도를 의미한다. 새로운 교육과정이 필요와 타당성 요건을 갖추지 못하면 실행에서 난관에 봉착할 수 있다. '명료성'과 '복잡성'은 교육과정의 목적과 수단이 분명하게 표현된 정도와 실행 참여자들에게 요구하는 어려움과 변화의 정도를 의미한다. 그러나 그는 의미 없는 교육과정이 명료할 수도 있고, 반면 매우 가치 있는 교육과정이 명료하지 않을 수도 있기 때문에 명료성이 교육과정의 실행을 보장하는 것은 아니라고 하였다. 또 복잡한 교육과정은 실행 과정에서 많은 문제를 야기하지만, 새로운 것을 많이 시도할 수 있기 때문에 의미 있는 결과를 가져올 수도 있다는 점에서 복잡성이 반드시 부정적인 것만은 아니라고 보았다. '교육과정의 질과 실용성'은 실용적이고 잘 조직된 교육과정이 실행에 영향을 미친다는 것을 의미한다. 사용자들이 교육과정을 실제적이고 유용하다고 인식하는 것이 중요하다. 즉 실용성을 인정받지 못한 교육과정은 교육과정 실행을 저해하는 요인이 된다.

### (2) 학습자 요인

학습자들은 교사와 상호작용하면서 교육과정에 관여하고 반응한다. 학습자들의 교과목에 대한 인지적 이해 정도, 정서적 태도, 교사에 대한 호감 정도, 수업 및 학습태도가 교육과정 실행에 중대한 영향을 미친다. 이외에도 교사들은 학습자의 학습 능력, 학습동기, 자신감, 학습태도, 학업성적, 일반적 능력, 문제 행동 등의 정보를 바탕으로 수업내용을 계획하고 수업 전략을 조절한다.

많은 교사들이 실제로 경험하는 바와 같이 교사들은 학습자의 반응에 따라 수업 내용과 방법을 달리한다. 학습자들이 학습내용과 방법에 관심을 보이면 교사는 보다 많은 교육 내용을 다양하고도 친절한 방법을 사용하여 수업을 진행한다. 그러나 학습자들이 수업에 무관심하고 좋지 않은 태도를 보이면 교사는 미리 준비한 내용을 충실하게 전달하지 못하게 된다. 즉, 학생들의 반응에 따라 교육과정을 달리 운영하는 것이다.

Harrison(1987)은 수업에서의 학습자의 욕구를 물리·강제적인 욕구, 사회적 욕구, 자아 욕구의 세 수준으로 구분하고 이러한 수준이 교사의 교육과정 실행에 영향을 미친다고 기술하고 있다. 물리·강제적인 욕구는 학습자가 마지못해 학습에 참여하는 경우로 학생의 학습태도는 매우 순종적이다. 또한, 교사는 학생의 특성을 무시한 채 자신의 의도대로 수업을 이끌어 나간다. 사회적 욕구는 학습자의 상호 간, 교사와의 만남에 의미를 두며, 학생은 교사와 동일시되고자 하는 욕구를 갖게 된다. 이러한 학습자의 사회적 욕구는 교수-학습 과정에서 교사는 학습자에게 하나의 훌륭한 모범적 예시가 된다. 자아욕구는 학습자의 내면화된 학습태도를 유지하게 한다. 이때 교사는 학습자의 자율성을 존중하는 교수전략을 사용하게 된다.

권낙원·추광재(2006)는 교육과정 실행 결정 요인 탐색에 관한 연구를 통하여 학습자의 학업 성취 수준, 학습자의 이해 능력, 자신감, 학습태도, 교사에 대한 호감, 선행 학습 정도 등이 교사의 교육과정 실행에 영향을 주는 요인이라고 밝히고 있다. 이는 교수 상황에서 교사의 학습자 특성에 관한 이해가 교수 내용과 방법을 결정하는 데 있어 중요한 요인 중의 하나라는 기존 연구 결과(Arends, 2004; Green, 1971; McNeil, 2003)와 맥락을 같이 하고 있다.

### (3) 사회·문화적 요인

교육과정 실행에 학교 환경은 커다란 영향을 미친다. 폐쇄적인 학교 환경에서는 모든 교수·학습과정이 사전에 구조화되어 있고, 교수와 학습이 맹목적인 전달 제시와 수용의 관계로 전락하기 쉽다. 이러한 학교 환경에서는 일반적으로 외적인 동기유발 체제(학부모나 사회의 요구 사항 등)를 교사나 학습자에게 적용하기 마련이다. 그러나 개방적인 학교 환경체제에서는 교사와 학습자의 요구가 존중되며, 교사의 전문성이 특히 중요시되고 존중된다. 따라서 교사와 학습자 모두에게 내면적인 동기유발이 형성될 것을 기대하고 있으며, 또 그것이 이루어지도록 조장한다. 교육과정 실행에 영향을 미치는 또 다른 환경으로는 또래 집단의 환경과 교사 간에 형성되는 교사들의 심리적 환경이 있다.

Bronfenbrenner(1998)의 생태이론에서는 학습자를 둘러싸고 있는 환경을 다섯 가지 체제로 설명하고 있다. 그에 따르면, 이 체제 모두가 교육과정 실행에 직·간접적인 영향을 미치는 요소라는 것이다. 그가 제시한 것 중에서 가장 작은 체제는 미시 체제로써 ① 가정과 같은 자연 발생적 요소이다. 이들은 상호작용한다기보다는 일반적으로 학습자에게 영향을 주는 요소로 작용한다. 이보다 한 차원 큰 체제로는 ② 학교, 이웃, 유치원 등을 들 수 있는데 이들은 상호작용하며 서로에게 영향을 주는 요소들이다. 다음은 외부체제로써 학습자에게 간접적으로 영향을 미치는 것으로 ③ 학습자 집 주변의 공공기관의 유무, 부모의 직업, 교통, 통신 등을 들 수 있다. 거시체계로는 ④ 오래된 관습이나 법률 등이 있다. 가장 큰 체제는 시간차원으로서 이것은 ⑤ 시간의 흐름에 따른 경향의 변화로 학습자의 환경이 변화하는 것을 뜻한다. 우리나라 인문계 고등학교의 입시가 대표적인 예다.

이러한 교육과정 실행에 영향을 미치는 교사 내적 요인과 교사 외적 요인을 정리하면 <표 3-6>과 같다.

**표 3-6 교육과정 실행 결정요인**

| 구 분 | 결정요인 | | 구성요소 |
|---|---|---|---|
| 교사 내적 요인 | 교사 요인 | 정의적 요인 | 교사의 인성, 신념과 태도, 교육과정에 대한 관심, 참여, 반성적 사고 |
| | | 지적 요인 | 교사의 능력(교수 방법, 교수 기술 등), 일반 지적 수준, 교과내용 인지 수준(교육과정 이해 수준), 학력, 경력(교직 경험) 등 |
| 교사 외적 요인 | 교육과정 자체요인 (교과 요인) | | 교육과정 결정 체제, 교육과정 내용의 명확성과 복잡성, 필요와 타당성, 자료의 질, 실용성 |
| | 학습자 요인 | 정의적 요인 | 정서적 태도, 교사에 대한 호감, 수업 및 학습 태도, 자신감 |
| | | 지적 요인 | 교과목에 대한 인지적 이해(학업성적, 학습능력) |
| | 사회·문화적 요인 | | • 교실환경, 학교환경(폐쇄적, 개방적), 부모의 SES(Socio Economic Status), 지역과 학교의 특성, 학교장의 리더쉽, 교원간 협력 관계, 사회적 요구<br>• 입시제도, 교육과정 결정체제, 정책 결정, 교육과정에 대한 홍보 및 정보 제공, 재정적 지원, 장학 |

# 04 되짚어 보기: 실제적 논의를 통한 교육과정 다시보기

본 장에서는 이론적 탐색을 통한 교육과정에 관한 교사의 관심·인식·실행 결정 요인 외에 추광재(2007)의 실제적 요인분석을 통하여 탐색된 요인의 공통점과 차이점을 밝히고, 그 이유에 대하여 논의해 보고자 한다.

## 1 교육과정 관심 결정 요인에 관한 실제적 논의

교육과정에 관한 교사의 관심 결정 요인으로 추광재(2007)는 교육과정 내용 이해, 교육과정에 관한 수용 태도, 교육 현장과의 유관성, 교육과정 전문성에 관한 욕구, 학생에게 미치는 영향의 5개 요인을 제시하고 있다. 특히, 교육과정 관심에 가장 큰 영향을 미치는 요인으로 교육과정 내용 이해와 수용 태도 요인이 분석되었다. 이러한 결과는 교육과정 관심이 개인 특성(인성적, 심리적), 교사의 경험과 밀접한 관련을 맺고 있다는 선행 연구(Fuller, 1969; Hord, 1987)와 맥락을 같이 하고 있다. 또한, 이론적 고찰에서 결정 요인으로 탐색된 교사의 지적, 정서적 요인과도 밀접한 관련을 맺고 있다.

Hord 등(1987)에 따르면, 교사가 교수 상황에서 부딪히게 되는 여러 고민거리나 어려움은 대부분 가르쳐야 할 내용이나 방법, 평가와 관련된 것들이며, 이의 해결을 위하여 교육과정이나 교육과정 관련 자료에 관심을 갖게 된다는 것이다. 물론 교사들은 교육과정이나 관련 자료 외에 동료교사나 전문 서적, 연수 등을 통해서도 교수 상황에서 파생되는 문제들을 해결하고 있다.

이처럼 교사는 교수 과정에서 부딪히게 되는 교육과정 관련 문제 해결을 위하여 교육과정에 관한 지식을 넓혀나간다. 이 과정에서 교사는 교육과정의 필요성과 중요성을 인식하게 되고 이러한 인식은 교육과정에 대하여 이전보다 더 깊은 관심을 보이게 하는 요인이 된다는 것이다. 이론적 고찰에서 탐색된 교사의 지적 요인의 하위 요소로 교육과정에 관한 사전 지식 정도, 지적 만족, 수업기술 향상이 탐색된 것도 위의 주장을 뒷받침하고 있다.

교육과정에 관한 수용 태도의 요인이 관심 요인으로 분석된 것에 대해 추광재(2007)는 교사가 교육과정을 긍정적으로 인식하고, 이를 적극적으로 수용하려는 교사의 태도가 교육과정에 관한 교사의 관심을 높이기 때문이라고 해석하고 있다. 또한, 국가 수준의 문서화된 교육과정이 어떠한 내용과 방식으로 구성되어있는지, 기존 교육과정과 어떠한 차이가 있는지 등의 호기심이나 현재의 교육과정이 기존 교육과정보다 더 나아졌을 것이라는 기대감도 교육과정에 관한 수용 태도의 하위 요인으로 밝히고 있다. 이러한 분석 결과는 이론적 고찰에서 탐색된 교사의 정의적 요인에 교육과정에 관한 호기심이나 기대 등이 하위 요소로 구성되어 있는 것과 맥락을 같이 하고 있다. 그러나 교사의 정의적 요인에 포함된 다른 하위 요인들(신념, 가치관, 교직과 학생에 대한 애정과 열정 등)은 관심 결정 요인 분석에서 제외되는 결과를 보였다. 이러한 결과는 신념이나 가치관, 애정과 열정 등이 교사의 교육과정 관심에 영향을 미치기보다는 오히려 교육과정 인식의 결정 요인인 교육과정에 관한 열의에 영향을 미치는 것으로 나타났기 때문이다(추광재, 2007).

관심 결정 요인에 관한 요인 분석에서 주목할 만한 두 가지 요인은 교육과정 전문성에 관한 욕구와 교육 현장과의 유관성이다. 교사의 전문성에 관한 욕구가 요인으로 분석된 것은 '관심' 형성이 개인의 마음에서 이루어지는 심리적 영역임을 감안하면 이러한 결과는 당연한 것으로 보인다.

또한, 교사의 관심 변화의 양상이 교사의 인성적, 심리적 특성과 교사가 경험하게 되는 변화의 종류와 성격에 의해 직접적 영향을 받는다는 선행 연구의 결과와 일치하고 있다. Burke 등(1984)에 의하면 많은 교사들은 교직 경험을 쌓아가는 과정에서 경험의 부재로 야기되는 갈등과 혼란, 그리고 이상과 현실, 이론과 실제와의 괴리감을 느끼게 되면서 교사로서 자신의 정체성에 의심을 품게 된다고 한다. 이러한 의심은 교사의 전문성 향상의 기제로 발전되거나 혹은 교직에 대한 회의로 이어지게 된다. 교사의 정체성에 대한 의심이 전문성 향상의 기제로 작용하는 경우, 교사는 자신의 교수 경험의 한계를 극복할 이론적 내용과 방법에 관심을 갖게 된다. 이 과정에서 교사는 문서화된 교육과정에 관심을 갖게 되는 것이다.

교사의 교육과정 전문성에 관한 욕구는 인간의 기본적 욕구인 앎의 욕구와도 관련이 깊다. 교사에게 있어 앎이란 가르치는 일과 관련한 것이며, 가르치는 일에 대하여 깊고, 넓게 알고자 함은 교사의 전문성과 직결된다. 교사의 교육과정 전문성에 관한 욕구가 교육과정 관심 결정 요인으로 탐색된 것은 가르치는 일에 대하여 더 깊이, 더 넓게 알고 싶은 교사의 기본적 욕구에서 비롯된 것이기 때문이다.

교육 현장과의 유관성은 교사의 관심을 자연스럽게 문서화된 교육과정으로 돌리게 하는 결정 요인임에도 불구하고 과거 연구에서는 탐색되지 않았다. 이는 교육과정 결정 체제와 밀접한 관련이 있다. 교육과정 관심과 관련한 선행 연구들이 대부분 지방분권형 교육과정 결정 체제를 택하고 있는 미국의 연구를 중심으로 이루어졌기 때문이다. 무엇을 어떻게 가르칠 것인가에 대한 실질적인 내용을 담고 있는 교육과정의 개발에 교사의 참여 정도는 교육과정에 관한 교사의 관심과도 관련이 있다. 교육과정 개발 과정에서 현장의 목소리, 현장의 문제를 반영했을 때 교육과정에 관한 교사의 관심이 높아지게 된다.

따라서 국가수준이든 지역교육청 수준이든 교육과정 개발 및 지료개발에 있어 교사의 다양한 의견의 수렴과 교실현장에서의 교육과정 관심에 관한 실태를 이해하고 그에 맞는 교육과정 개발이 선행되어야 함은 결코 놓쳐서는 안될 것이다.

## 2 교육과정 인식 결정 요인에 관한 실제적 논의

교육과정에 관한 교사의 인식 결정 요인과 관련하여, 추광재(2007)는 교육과정 운영 과정, 교육과정 운영 환경 요인, 행정적 요인, 교육과정 전문성, 동료교사 및 학생과의 상호작용, 교육과정에 관한 열의, 교육과정 전문성 개발 기회 요인이 결정 요인으로 제시하고 있다.

이러한 결과는 기존연구에서 탐색되었던 환경 및 사회문화적 요인이 행정적 요인과 전문성 개발 기회 요인으로, 교사 요인이 교육과정 전문성과 교육과정에 관한 열의, 그리고 동료교사 및 조언의 요인으로 세분화되었다는 점을 제외하면 기존연구에서 이미 탐색된 결정 요인과 큰 차이를 보이지 않는다. 그러나 주목할 만한 결과는 교육과정 운영 과정 요인이 교사의 교육과정 인식 결정요인 중 가장 큰 영향을 미치는 요인으로 분석되었다는 것이다. 이는 교사가 실제 수업상황에서 부딪히는 문제 상황을 해결하는 과정에서 형성된 실천적 지식이 교사의 교육과정 인식에 중요한 영향력을 미치고 있음을 말해주고 있다. 그 증거로 교육과정 운영 과정 요인을 구성하는 13개 내용 중 '교사가 일상적인 수업과정에서 교육과정 관련 지식', '수업 준비나 계획 과정에서 획득하게 되는 교육과정 지식'의 2개 내용이 교육과정 인식 결정 요인과 상관관계가 가장 높게 나타난 것을 들 수 있다(추광재, 2007).

교육과정에 관한 열의는 가르치는 일에 대한 교사의 열정과 의욕에 관한 결정요인으로 선행 연구에서는 교사의 정서적 요인의 하위 요소로 탐색되었었다. 그러나 추광재(2007)에 따르면 교사의 열정과 의욕은 교육과정에 대한 인식 결정에 매우 중요한 요인으로 탐색되었다고 주장하고 있다. 그는 교사의 교육과정에 대한 열의가 교육과정에 관한 관심보다 오히려 인식의 생성, 확장 과정에 더 큰 영향을 끼칠 수 있음을 주목해야 한다고 말하고 있다.

이와 관련하여 Polanyi(1958)는 열정을 '발견적 열정(heuristic passion)[1]'과 '설득적 열정(persuasive passion)[2]'으로 구분하면서, 이러한 발견적 열정과 설득적 열정의 존재는 지식 추구의 노력과 지식 전달의 노력을 있게 하는 필요 조건임을 주장하고 있다. 바꾸어 말하면, 교육과정에 대한 교사의 발견적 열정과 설득적 열정이 교육과정에 관한 인식의 생성과 확장에 결정적 역할을 담당하고 있음을 시사하고 있다.

---

1 발견적 열정이란 어느 개인이 현재 가지고 있는 지식수준과 그 다음 단계의 지식수준 사이에 개재되어 있는 감정적 에너지로서 이것을 기반으로 그는 더 높은 지식 체계를 추구할 수 있게 된다.

2 설득적 열정이란 보다 높은 수준의 지식을 가지고 있는 사람이 보다 낮은 수준의 지식을 가지고 있는 사람의 지식수준을 높게 하려는 데 동원되는 감정적 에너지를 의미한다.

## 3 교육과정 실행 결정 요인에 관한 실제적 논의

추광재(2007)에 따르면 교육과정에 관한 교사의 실행 결정 요인은 교육과정 운영 과정 및 수용 태도, 사회·문화적 요인, 행정적 요인, 장학 및 연구 요인, 교육과정 전문성의 5가지 요인으로 구성된다고 주장하고 있다.

그의 주장에서 특이할 만한 사항은, 기존 연구에서 중요한 결정 요인으로 탐색되었던 학생의 지적, 정의적 요인이 제외되고 장학 및 연구 요인이 새로운 요인으로 분석된 점이다.

이러한 결과는 국가 수준의 교육과정에서 의도하고 있는 취지 등이 교수 과정에서 제대로 이행되지 않는다는 우려에서 기인한 것이다. 교육과정이 의도하고 있는 취지, 예상 결과와 교사의 실행 사이의 괴리 문제는 새삼스러운 것은 아니다. 교육과정을 '계획으로서의 교육과정'과 '운영된 교육과정'으로 개념화한 것이나 '표면적 교육과정'과 '잠재적 교육과정'으로 개념화하는 것은 의도나 계획이 실제 상황에서는 의도하지 않은 결과를 낳을 수 있다는 것을 말해 준다. 따라서 교사의 교육과정 실행에 대하여 피드백을 제공받을 수 있는 가장 일반적인 형태인 장학이나 컨설팅 교사 전문성 신장을 위한 개인 연구의 중요성이 점차 강조되어야 하며 점차 강조되는 추세로 변화되어 가고 있는 실정이다.

그러나 한편으로 교사의 장학에 대한 불신과, 연구를 위한 환경(시간 부족, 자료 부족)의 미비는 교사의 교육과정 실행에 부정적 요인으로 자리 잡을 수 있음을 간과해서는 안될 것이다. 특히, 장학 및 연구 요인의 구성 내용 중 동료 장학과 자기 장학이 임상 장학보다 오히려 실행에 더 큰 영향을 미친 것으로 탐색되었다. 이러한 결과는 임상 장학 담당자의 전문성 저하, 권위적 분위기, 틀에 박힌 형식적 장학 등의 임상 장학에 관한 교사의 부정적 인식에 기인한 것이다.

그리고 학생 요인의 제외는 교사 중심의 교육문화에서 비롯된다. 선행 연구에서 탐색된 교육과정 실행의 결정 요인 중 학생 요인의 제외는 교사 중심의 교육 문화가 우리의 교육 현실에 전반적으로 자리 잡고 있음을 간접적으로 말해주고 있다. 이는 학습자 중심 수업에 대한 필요성과 중요성이 교육현장에서 많은 부분 강조되고, 실천되어지고 있음에도 수세기를 지배했던 교사 중심의 교육문화가 아직 교실과 학교 문화 속에 깊이 박혀 있음을 보여주고 있는 것이다.

이러한 문제는 교육과정 실행자로서의 교사가 구체적인 상황에서 나타나는 여러 변인들 가운데 학생의 반응, 태도, 수준 등과 의도된 교육과정의 가치나 내용을 어떠한 시각에서 바라보고, 얼마나 이해하려고 노력하는가에 따라서 어느 정도 해소될 가능성이 있다.

이와 같은 실행 결정 요인 분석에 관한 중요성은 교육과정 실행 과정에서 요구되는 환경과 교사 특성을 밝히는 데 도움이 된다는 것이다. 그동안 교사의 교육과정 실행을 높이기 위하여 교사의 교육과정 인식 수준의 향상에만 초점을 두었다. 그러나 실행에 결정을 주는 요인에 관한 연구 결과, 교사의 교육과정 운영 과정과 수용 태도가 실행의 결정 요인 중 가장 큰 영향을 미치는 요인으로 분석된 결과는 교사에게 시사하는 바가 크다(추광재, 2007). 이는 인식의 향상 이전에 교육과정을 긍정적으로 받아들이고 이를 적극적으로 활용하려는 교사의 마음가짐이 매우 중요함을 말해주고 있다.

## 4 교사 교육과정에 중심에 서기 위해서는?

교육과정에 대하여 관심조차 없는 상황에서 교육과정의 인식과 실행을 위한 각종 노력은 피상적인 수준에서 이루어질 수밖에 없다. 교육과정에 관한 교사의 관심이 교육과정 인식과 실행 수준을 매개하기 때문이다. 교사의 교육과정 관심의 결정 요인인 '교사의 교육과정 내용 이해'와 '수용 태도' 등의 요인들은 교사가 교육과정에 관심을 갖기 위해서 갖추어야 할 기본적인 태도와 능력의 중요성을 시사해주고 있다. 이는 교사 스스로 교육과정의 중요성을 인식하고 능동적 수용 태도를 갖게 하는데 교육과정에 관한 교사의 기본 능력이 필요함을 지적해 주고 있다. 교육과정에 관한 아무런 지식이나 이해 능력이 없는 상태에서 교육과정의 중요성을 아무리 강조해도 소용이 없다는 것이다.

이러한 결과는 교육과정 관심과 인식과의 관련성을 입증해 주고 있다. 관심을 갖기 위해서는 관심의 대상인 교육과정에 관한 인식이 전제되어야 한다는 것이다. 또한 인식의 형성에 있어서도 교사의 자발적 관심은 필수적이다.

따라서 교사가 교육과정의 중심에 서기 위해서는 교육과정에 관한 적극적인 관심과 더불어 '교육과정 운영 과정' 및 '교육과정 운영 환경 요인'에 관한 지식은 이해하는 일이 선행되어야 한다. 즉 관심과 함께 교사가 교육과정을 수용하고 인식할 때 교육과정의 변두리에서 중심으로 옮겨갈 수 있는 기회를 갖게 되는 것이다.

이외에도 교육과정 전문성 요인(교육과정의 잦은 개정, 교육행정가의 교육과정에 관한 이해 부족, 교사의 전문성에 관한 의혹 등)과 행정적 요인(형식적 교육과정 연수, 교육과정 재구성에 관한 부정적 시각, 시간 부족)에 관한 개선도 매우 중요하다. 이러한 결과는 잦은 교육과정 개정, 시간 부족, 형식적 연수로 인하여 교사들은 교육과정에 대하여 깊은 관심과 이해를 위한 기회를 갖지 못하는 경우가 많다. 따라서 일부 교사들은 편의 위주의 태도·단순한 처방에만 관심을 가질 수밖에 없었다. 즉, 교육과정 인식과 실행에 있어서 교사는 편리함만을 추구하게 되는 경향을 보인다는 것이다. 예를 들면 모든 수업을 담당해야 하는 초등 교사의 입장에서 보면, 교과서의 내용을 충실하게 잘 정리해 놓은 교사용 지도서나 구체적 사례나 지도 과정을 제시한 교재가 오히려 교육과정보다 더 반갑고 유익한 자료로 다가온다는 것이다. 이처럼 교육과정 인식의 편리함은 교육과정 실행에 있어서도 영향을 미친다.

하지만 이러한 관련성에도 불구하고, 교육과정 인식과 실행 사이에는 어느 정도 간극이 존재하고 있다. 이 간극에는 행정가가 느끼는 교사의 전문성에 대한 불신, 부정적 시각, 열악한 환경, 그리고 교사의 신념, 태도, 열정과 애정 등이 자리 잡고 있다. 또한 교사가 교육과정 사용자일 뿐만 아니라 실행 과정에서 재구성·재해석이 요구되는 교육과정 개발자로서의 역할을 간과하고 있는 것도 이러한 간극을 부추기는 요인 중의 하나이다. 교사를 수동적, 수용적 관점에서 바라보기보다는 능동적 개발자로서의 관점에서 이해할 때 교육과정 인식과 실행의 간극을 줄일 수 있다는 것이다.

따라서 교사의 교육과정 재구성의 의미를 어떻게 개념 지을 것인가, 재구성의 범위를 어디까지로 할 것인가에 따라 교육과정에 관한 교사의 관심·인식·실행은 다른 양상을 보이게 될 것이다. 더불어 교사를 둘러싸고 있는 내·외적 요인의 최적화 노력 역시 교육과정에 관한 교사의 관심·인식·실행 정도를 향상시키는 데 크게 기여할 것이다. 즉, 교육과정 관심·인식·실행 과정에서 나타나는 교사의 최적화 행위는 자율성과 합리성을 바탕으로 능동적으로 행동할 수 있는 형태로 이루어져야 하며, 이를 위한 문화적·행정적 환경 요인의 형성도 동시에 이루어져야 한다.

또한, 교육과정에 관한 교사의 관심과 인식, 실행에 있어 교실 수업을 둘러싼 맥락을 간과해서는 안 된다. 교사들이 교육과정에 대하여 관심을 가지는 경우는 개정된 교육과정이 교사가 교실 현장에서 겪게 되는 어려움을 완화시켜줄 가능성이 보일 때나, 자신의 필요성과 맞아 떨어질 때 등의 개인적 관심에서 비롯되기 때문이다. 교육과정의 당위적 논리에 입각해 교육과정을 교사에게 이해시키는 것은 실패할 가능성이 높다. 교육과정이 교사들에게 강요되거나 강제된다면, 교사들은 어떤 식으로든 기존의 태도나 내용을 고수하게 될 가능성이 높아지게 된다. 교육과정이 교사에게 다가서기 위해서는 수업 현실에 대한 이해와 교사에 대한 이해가 선행되어야 한다.

교사들이여! 교육과정의 중심에 우뚝서라?

앞서 제시한 교사를 교육과정의 중심에 서게 하는데 부정적 영향을 끼치는 요인들을 제대로 직시하고 긍정적 영향을 끼치는 요인들을 자신만의 시선으로 이해하고 받아들여 자신만의 독특하고 개성 있는 그리고 학생의 특성에 맞는 바람직한 교사수준의 교육과정으로 재구성하고 변환하고 개발할 수 있는 교육의 중심으로 거듭나기를……

# PART 04

# 교사, 되돌아보다

## 교육과정과 수업평가

관념 속에 박혀있는 진실과 거짓의 형태에 대하여 아무 비판이나 저항없이 수용하는 것은 그 개념의 차이가 극명하게 드러나기 때문이기도 하지만 사회 통념이라는 커다란 시스템 안에 선과 악의 두 부분으로 확실하게 나뉘어져 있는 관습에 우리가 젖어있기 때문이다

- 추광재의 '허브차와 기억' 중에서 -

# 01 귀기울이기: 교육과정이 수업평가에 주는 리얼리티

## 1 수업평가의 개념

'평가(評價)'란 '가치를 따져 값을 매긴다'는 뜻으로 어떤 사람이나 사물, 혹은 방법이나 절차 등의 옳고 그름, 선함과 악함, 아름다움과 추함, 우수함과 열등함, 좋고 나쁨, 그리고 그 수준이나 정도를 따지는 일이라고 할 수 있다(백순근, 2005). 평가는 현대 사회에서 필수적인 활동으로 가치판단의 과정, 선발, 선택의 과정 등에서 의식적, 무의식적으로 행해지고 있다. 이러한 평가는 사회 전반에 걸쳐 보편적인 일로 여겨지고 있으며 교육 영역에서도 평가의 과정은 중요한 활동으로 인식되고, 시행되고 있다.

수업평가는 교육영역의 평가에서 가장 핵심적인 평가 영역 중의 하나로 수업과 관련한 여러 요소(교사, 학생, 교과내용, 환경 등)들의 상호작용 과정에서 벌어지는 일련의 행위를 판단하는 활동을 뜻한다. 요컨대, 일반적 의미로써 수업평가란 수업과 관련되는 어떤 특성이나 현상에 대해 가치를 따져 수치를 매기는 전문적인 활동이며 동시에 그 가치를 더욱 높이기 위해 개선·발전 방안을 탐색하는 체계적인 활동이라고 할 수 있다. 특히, 교사평가의 핵심으로서의 수업평가는 교사의 행위를 행동으로 이해하고 그 행동의 효과성에 과학적 방법을 동원하고, 그 행동의 결과로 나타나는 학생들의 즉각적인 반응을 점검하여 교사의 일에 좋다, 나쁘다 등의 가치를 부여하는 활동에 대한 평가로 인식되고 있다. 이와 관련하여 권낙원은 수업평가를 '수업의 목표, 내용, 방법, 결과를 포괄하는 평가'라고 정의 내리고 있으며, 주삼환은 수업평가란 '궁극적으로 수업에서 투입변인·과정변인·산출변인을 분석함으로써 수업의 질적 개선을 도모하여 교수효과성을 높이는 데 초점을 둔 활동이다'라고 설명하고 있다. 박도순은 '수업평가는 수업에 투입된 내용이 의도된 대로 되었는지 어떤지를 알아보는 것'이라고 정의하고 있으며, Harris는 '수업평가는 필요한 자료의 수집·분석·해석을 위해서 기획하고, 도구를 제작하고, 조직하고, 절차를 적용하고, 수업개선을 위해 의사결정을 하는 일'이라고 하였다. Harris는 수업평가에서 교사·학생·프로그램 등 학교의 교육적 요소를 모두 평가의 대상으로 하고 있다. 이러한 수업평가 개념에 대한 정의들은 수업평가가 해야 할 일의 내용이나 성격에 대해서 본질적으로 접근하는 방식이기보다는 수업평가는 무엇을 내용으로 삼아야 하는지, 어떠한 활동을 주로 해야 하는지에 대한 실제적 관점에서 수업평가를 조작적으로 정의하고 있다.

그러나 한편으로는 수업평가의 이러한 일련의 모습에 대하여 부정적 시각에서 바라보고 개선의 필요성을 요구하는 학자들도 있다. 수업을 구성하고 있는 여러 요소들과 요소들 간의 관계, 그리고 그 이면에 드러나지 않지만 수업을 구성하는 또 다른 요소인 가치, 태도, 정서, 분위기 등에 대해서는 거의 다루지 않고 수업의 드러나는 부분, 보여지는 행위에만 관심을 기울이고 있다는 것이다. 수업에 대한 속성·성격과 관련하여 수업이 가진 다양성, 복잡성, 비가시성 등을 평가를 위하여 일반화, 수량화, 가시화했을 때 오히려 수업이 가진 고유의 특성 또는 수업의 본질적 목적을 놓칠 수도 있다는 것이다. 수업의 목적이 학생들의 인격적 변화, 지적·정서적 변화를 이끄는 것이며 교사의 수업행위 역시 바람직한 변화에 초점을 두고 있다고 한다면 오히려 수업평가에서 관심을 가져야 할 것은 보여지는 행위나 내용을 통하여 학생들에게서 나타나는 결과보다는 수업의 과정에서 보여지는 교사의 행위, 내용, 정서, 분위기 그 자체이다. 수업의 과정에서 교사는 교과의 내용을 전달하지만 단순히 내용의 전달에만 그치는 것이 아니라 전달되는 내용과 더불어 교사의 가치, 신념, 태도 등이 함께 녹아들어 학습자의 마음에 스며들게 되는 것이다. 즉, 가시화, 수량화된 교사의 지식 정도, 행동의 결과 그리고 학생들이 쏟아낸 말과 글로써 수업평가의 내용을 바라볼 것이 아니라, 교사의 신념, 가치, 태도 등에 관한 요소도 수업평가의 중요한 또 다른 부분으로 인식되어야 할 것이다. 즉, 앞 장에서 전술한 바와 같이 수업의 개념을 '교사, 학생, 교과내용, 환경의 요인들이 복합적으로 상호작용하는 활동이며, 의도된 교사의 계획(교사수준의 교육과정)에 의해 단위 시간에 이루어지는 활동'으로 규정한다고 하면, 수업평가는 교사와 학생 그리고 교과내용과의 순환적 과정을 측정하고 그 효과성을 검증하고 교사의 수업 계획을 확인하는 활동이 주가 될 것이다. 그러나 본 연구에서의 수업평가 개념은 이를 포함하여 교사의 학습자에 대한 존중감, 공감적 이해, 애정과 같은 학습자에 대한 태도와 수업관, 도덕성, 진실성 등과 관련한 교사의 자질 그리고 학급분위기 등을 객관적, 전문적, 민주적인 관점과 방식으로 평가하는 활동을 의미한다.

## 2 수업평가의 목적

수업평가에 대한 필요성은 평가에 대한 요구를 유발하고 그 요구는 바로 곧 평가목적으로 표현되어 특정 목적으로 수업을 평가하고자 하는 목적이 수립되고 그 목적에 입각하여 평가활동을 기획하게 된다(배호순). 수업평가에서 평가하고자 하는 대상, 목적을 분명히 확인하는 일은 평가의 내용 및 방법을 구체화, 명료화하는 일인 동시에 구체적인 평가 준거를 설정하는 작업에 있어 기본적 방향을 제공해 준다. 따라서 수업평가의 목적은 명확하고 한계가 분명해야 하며 실천 가능한 것이어야 한다. 예컨대, 목적이 너무 많거나 뚜렷하지 않으면 의도했던 소기의 목적을 달성하기 어렵고 노력에 비해 성과, 결과가 미약한 경우가 허다하다. 더구나 수업의 불명료성, 복잡성, 다양성 등을 평가한다고 하는 것은 더더욱 어렵고 힘든 작업이며, 평가가 가지고 있는 한계성[1]을 극복해야 하는 또 다른 난점을 지니고 있는 활동이 수업평가이다.

수업평가의 근본적인 목적은 수업을 위한 것에서 비롯되어야 한다. 수업을 위한 것, 즉 수업개선을 목적으로 하지 않는 수업평가는 수업평가의 본질적 목적에서 벗어나 있다고 볼 수 있다. 그럼에도 실제 수업평가가 이루어지는 상황은 수업개선을 위한 목적 외에도 여러 다른 필요성과 목적에 의해 실시되고 있다. 교사평가의 일환으로서 이루어지는, 행정적 절차로서의 수업평가가 그러하다. 물론 이러한 평가에서도 수업상황에서 바람직하지 않은 교사의 행위나 비효과적인 방법이나 방식에 대해서 지적을 하고 바람직하고 효과적인 방향으로 유도하기 위한 일련

1 평가의 대상이 측정되거나 수량화될 수 없는 경우, 측정되거나 수량화되었다 하더라도 그 결과가 평가의 대상을 제대로 설명해줄 수 없는 경우가 이에 해당된다.

의 행위들이 이루어진다. 설령 그렇다 하더라도 이러한 수업평가의 일차적 목적은 수업의 질 개선이라기보다 수업 과정이나 결과를 통해 얻어진 자료를 통하여 교사의 능력이나 자질을 판단하고 이를 통하여 승진이나 보수 등에 영향을 주기 위한 것에 있다고 보아야 할 것이다. 이 외에도 학교교육의 효과를 탐색하기 위해서, 교육연구를 위한 목적 등 학자마다 다양한 수업평가의 목적을 제시하고 있다. Anderson과 Gall(1978)은 평가목적을 수업프로그램의 정착 여부 결정, 수업프로그램의 지속 여부 결정, 수업프로그램의 변경 여부 결정, 수업프로그램 결정을 위한 긍정적인 자료 수집, 반증적(against) 자료 수집, 기본 과정 이해의 6가지로 분류하고 있다. Sergiovanni와 Starratt(1983)는 수업평가의 목적을 효과적인 방법을 모색할 수 있는 정보의 제공, 다른 학교, 다른 학과와의 비교, 평가의 자료를 기초로 한 정책의 결정으로 분류하고 있다. Harris(1985)는 수업평가의 목적을 새로운 프로그램이 과거의 프로그램과 어떠한 차이가 있는가의 비교, 새로운(특별한) 프로그램을 수행하는 데 사용될 연구비의 정당성 확보와 수행하는 데 소요되는 경비의 파악, 고용재계약을 위한 정보 획득, 대학 진학 준비 정도의 4가지로 소개하고 있다. 이러한 여러 수업평가의 목적들을 본 연구에서는 다음과 같이 구분하여 제시하고자 한다.

첫째, 수업평가의 목적이 수업의 개선에 일차적 관심을 두고 있느냐 그렇지 않느냐에 의해 수업평가의 본질적(수업의 질 개선) 목적과 비본질적(인사행정 일환) 목적으로 구분하고자 한다. 예를 들어 교사 스스로 자신의 수업을 개선 및 향상시키기 위한 목적으로 자신의 수업을 평가하기 위해 기본적인 수업전개능력, 학생 학습활동의 관리 운영 능력, 필수적인 수업능력 및 기술, 수업계획 및 수행과 평가 등에 필요한 의사결정 능력과 자신에 대한 반성적 사고 등에 초점을 맞추고 이루어지는 평가가 수업평가의 본질적 목적에 해당되며, 교사의 인사행정 자료를 수집하기 위한 목적으로 근무평정의 일환으로서 교사의 기본자질로서 수업능력이나 수업기술, 교육과정 운영의 충실도, 수업지도의 열성 정도, 학생에 대한 태도 등에 초점을 두고 이루어지는 평가가 비본질적 목적에 해당된다.

둘째, 수업평가의 결과 활용에 강조점을 둘 것인가 수업과정의 평가에 강조점을 둘 것인가에 따라 수업평가의 표면적(수단 및 결과지향적) 목적과 내면적(발달지향적) 목적으로 나눌 수 있다. 이 외에도 수업평가는 교육과정 및 자료 개선을 위한 평가 또는 교육연구와 관련된 평가 등의 목적으로 이루어지는 평가들도 실시되지만 이 경우의 평가들은 수업의 질 개선과 직·간접적으로 관련이 있는 활동으로 수업평가의 본질적 목적에 포함된다고 볼 수 있다.

이처럼 평가의 목적이 무엇인가를 중시하면서 그 수업평가에서 특히 강조하고 평가의 초점으로 삼을 만한 점이 무엇인가를 확인하는 일은 평가를 보다 타당하고 신뢰롭게 전개할 수 있도록 준비하고 계획하는 일과 직결되는 중요한 평가활동의 하나라고 할 수 있다. 말하자면 평가의 목적과 그에 따른 강조점을 확인하는 일은 평가활동을 설계하는 데 도움이 되는 동시에 평가 준거를 설정하고 평가 지표인 평가자료를 수집하는 일과 직접 또는 간접적으로 관련되는 일이다.

## 3 수업평가의 주요 쟁점

2009년부터 교원능력 개발 평가의 일환으로 교사평가 및 수업평가가 실시되고 있다. 그렇지만, 수업평가의 목적을 비롯하여 방법과 절차, 평가 준거나 기준의 타당성, 그리고 평가 결과의 활용 등에 관하여 관련 주체들 간의 불협화음은 10년이 지난 지금도 여전하다. 많은 교사 및 교원 단체에서는 수업평가 자체를 거부하려는 움직임도 보이고 있다. 그럼에도 불구하고 정부에서는 정부 안에 따라 전국 교사들에 대한 수업평가를 아직까지도 밀어부치고 있다. 그 결과 수업평가에 대한 부작용이나 부정적 현상들이 더욱 뚜렷하게 나타나고 있다. 그 증거로 2009년에 실시된 수업평가에 관한 설문 조사 결과 교사의 89.8%가 수업평가의 법제화를 반대하고 있었으며(한국교육개발원, 2007), 이 가운데 수업평가 목적에 대한 회의적인 인식이 53.5%, 평가 방법에 대한 불신이 약 40%를 차지하고 있었다. 특히 교사의 전문성 개발이라는 수업평가의 목적에서 실시된 수업평가가 근무평정, 교원평가, 성과급과 연계되거나 통합되어 실시될 가능성에 대하여 많은 교사들(62.4%)이 우려를 보였다. 과거 총괄적 관점에서 실시된 수업평가 목적과 내용, 방법, 준거가 차기 실시될 수업평가와 별 차이를 보이지 않는다는 것도 이러한 결과를 뒷받침해 준다. 다음 <표 4-1>은 교원근무성적평가에서의 수업평가와 교원능력개발평가에서의 수업평가 내용을 비교해 제시한 것이다.

**표 4-1 교원능력개발 수업평가 내용의 비교**

| 구 분 | 교원근무성적평정제<br>에서의 수업평가(기존) | 교원능력개발평가제에서의<br>수업평가(2009년 시행) |
|---|---|---|
| 목적 | 승진, 전보 등 인사자료로 활용 | 교사의 전문성 개발 및 교장, 교감의 능력 개발 |
| 철학 | 서열화, 차별화 평가. 외재적, 보상적 가치 | 내재적, 본질적 가치. 기준 부합 판별 평가 |
| 대상 | 교사, 교감 | 교사 및 교감, 교장 |
| 참여자 | 교감, 교장 | 동료교사, 교감, 교장, 학부모, 학생 |

| 평가(평정) 요소 | • 수업연구 및 준비의 철저<br>• 수업방법 개선 노력<br>• 학습지도 열의 여부<br>• 교육과정의 창의성 구성<br>• 교재의 효율적 활용<br>• 평가 계획의 적절성<br>• 평가 결과의 효율성 | • 수업연구 및 수업설계 준비도<br>• 학생에 대한 특성 이해<br>• 수업분위기 조성<br>• 동기유발, 수업안내, 수업방법<br>• 학생과의 상호작용, 발문, 태도<br>• 평가계획, 평가 내용 및 방법<br>• 평가결과의 활용 |
|---|---|---|
| 기준 | 전국적으로 동일한 기준 | 기준 자율 결정 |
| 방식 | 총괄적 관점의 평가 | 형성적 관점의 평가 |
| 방법 | 상대평가 | 절대평가 |
| 환류 | 결과 비공개 | 결과 비공개 |

출처: 교육과학기술부(2008). 2008년도 교원능력개발평가 매뉴얼. pp.11-30

위 표에서 두 평가 간의 주요 차이를 목적, 철학, 기준, 방식 및 방법에서 뚜렷하게 볼 수 있다. 그러나 이러한 차이와는 별개로 두 제도에서의 수업평가 모두 교사의 수업 전문성 개발이라는 목적으로 시행된 수업평가 결과가 교원평가, 근무평정, 성과급 평가 등에 적용되고 있다는 것이다. 이것은 평가 철학의 부재와 더불어 평가 방법에서도 교사의 전문성 신장이라는 터울좋은 껍데기를 쓰고 시행되고 있지만 오히려 교사를 서열화하고 줄세우는 방식으로 이루어질 가능성이 높다는 것이다. 평가 기준도 평가기준을 단위 학교의 특성을 살려 자율적으로 운영할 것을 권하고 있으나, 실제 운영 과정에서는 상부 기관에서 제공한 평가 기준을 거의 동일하게 사용하고 있는 것으로 나타났다.

이러한 현상은 외국의 경우도 마찬가지이다. 대부분의 국가들은 동일한 수업평가 기준과 내용으로 평가한 결과를 교사들의 전문성 신장, 승진 여부, 봉급 인상, 부적격자 퇴출 등에 활용하고 있다. 그 결과 평가 목적과 내용, 방법, 결과 환류의 부조화와 함께 평가의 타당성과 객관성이 결여되는 문제를 야기하게 되었다. 따라서 일부 개혁론자를 중심으로 평가의 합목적 여부를 비롯하여 방법과 기준, 실시 절차, 평가 결과 활용에 관한 개선의 목소리가 높아지고 있다(Stiggins & Duke, 1990). 이들은 수업평가의 목적에 따라 제도가 세분될 것을 주장하고 있으며, 단일 목적에 따른 단일 평가 시스템을 요구하고 있다. 학교 현장의 특성상 다양한 목적에 부합하는 여러 번의 수업평가가 어렵다는 점을 감안할 때, 제도화된 수업평가의 목적과 내용, 방법, 결과 활용의 타당성과 객관성, 치밀성에 관한 관련 주체들 간의 합의가 더욱 필요하다.

따라서 이 장에서는 수업평가의 주요 쟁점인 수업평가 목적의 당위성 확보, 평가 준거 및 기준의 타당성, 평가 방법의 객관성과 다양성에 관한 각 평가 주체별 입장과 논리를 정리하고, 비판적으로 검토하고자 한다.

### 1) 수업평가 목적의 당위성 확보

수업평가의 근본적인 목적을 무엇보다도 수업의 질 향상에 두어야 할 것이다. 그러나 학교 현장에서 볼 수 있는 수업평가에는 수업의 질 향상 이외에도 또 다른 목적이 포함되어 있는 경우가 허다하다. 예를 들면, 학교 교육의 효과를 탐색하기 위한 것이 있는가 하면, 때로는 순전히 연구 목적으로 수행되는 경우도 있다. 학자들 역시 수업평가의 목적을 다양하게 제시하고 있다.

Shuli와 Sinclair(2002)는 평가목적을 수업프로그램의 정착 여부 결정, 수업프로그램의 지속 여부 결정, 수업프로그램의 변경 여부 결정, 수업프로그램 결정을 위한 긍정적인 자료 수집, 반증적(against) 자료 수집, 그리고 기본 과정 이해의 6가지로 분류하고 있다. Sergiovanni와 Starratt

(1983)는 수업평가의 목적을 효과적인 방법을 모색할 수 있는 정보의 제공, 다른 학교나 다른 학과와의 비교, 그리고 평가 자료를 기초로 한 정책의 결정으로 분류하고 있다. Harris(1990)는 수업평가의 목적을 새로운 프로그램과 이전 프로그램과의 차이 비교, 새로운(특별한) 프로그램을 수행하는 데 사용될 연구비의 정당성 확보와 수행하는 데 소요되는 경비의 파악, 고용 재계약을 위한 정보 획득, 대학 진학 준비 정도의 4가지로 제시하고 있다.

이밖에 수업평가 주체나 결과활용 목적에 따라 형성적 평가와 총괄적 평가로 나눌 수 있다. 형성적 평가에서는 교사 스스로 자신의 수업을 개선하거나 향상시키고자 한다. 교사가 자신의 수업계획의 수립 능력을 비롯하여 필수적인 수업능력과 기술 및 학생 학습활동의 관리 능력 등에 초점을 맞춘다. 반면에 총괄적 평가에서는 학교경영자나 행정가가 교사의 인사행정 자료를 수집하기 위한 목적으로 수행한다. 일례로 현행 교사 근무 평정 제도가 그것이다. 형성적 평가에서는 주로 자신의 수업 능력이나 학생지도 능력을 평가한다. 반면에 총괄적 평가에서는 좀 더 넓게 교사의 수업능력이나 수업기술은 물론, 교육과정 운영의 충실도, 수업지도의 열성 정도, 학생에 대한 태도 및 근무 자세 등을 평가한다.

또한, 수업평가의 강조점을 결과 활용에 둘 것인지 아니면 수업과정에 둘 것인가에 따라 수업평가의 표면적(수단 및 결과 지향적) 목적과 내면적(발달 지향적) 목적으로 구분될 수 있다. 이 외에도 수업평가는 교육과정 및 자료 개선을 위한 평가 또는 교육연구와 관련된 평가 등의 목적으로 이루어지기도 한다. 이 경우의 평가들은 수업의 질 개선과 직·간접적으로 관련이 있는 활동으로 수업평가의 형성적 목적에 포함된다고 볼 수 있다(한국교육개발원, 2004).

위와 같은 다양한 수업평가 목적 분류에 비추어 수업평가 관련 주체들의 입장과 논리를 살펴보자. 먼저, 교사들은 주로 수업평가를 통하여 자신의 수업 능력이나 수업 전문성을 신장시키고자 하는 형성적 목적이나 발달 지향적 목적에 관심을 두고 있다. 예컨대, 교사들은 교과 내용에 관한 지식 외에 방법적 지식에 관한 전문성을 진단할 수 있는 수업평가에 대해서는 호의적인 반응을 보이고 있다. 교육부(2006)의 통계에 따르면 교사의 전문성 개발을 위한 평가에 대하여 교사의 73.9%가 긍정적인 반응을 보이고 있다. 이는 교사들이 자신의 미흡한 영역과 개선이 필요한 영역을 분석할 수 있는 평가에 관하여 오히려 적극적인 모습을 보이고 있는 것이다. 물론 수업평가에 회의적인 태도를 보이는 교사들도 있다. 그러나 이들 역시 수업평가가 수업개선이나 전문성 향상이라는 목적을 상실한 채 교사의 승진이나, 보수, 인사 등의 행정적 목적으로 쓰일 가능성을 우려하여 반대 의사를 보이고 있는 것이지 수업평가 그 자체를 반대하는 것은 아니라는 것이다.

그러나 교육 행정가는 교사와는 다른 시각에서 수업평가의 목적에 접근한다. 교사가 수업 개선과 수업 전문성 신장이라는 단일 목적에 관심을 두고 있는데 반하여, 교육 행정가는 수업평가에 대하여 다양한 목적을 가지고 있다. 특히 단위 학교 행정가인 학교장들은 수업평가를 근무평정의 한 부분이거나 교원 능력을 가늠하는 잣대로 생각하기도 한다. 심지어 성과급을 지급하기 위한 분류 기준으로 사용하기도 한다. 이렇게 될 수밖에 없는 주된 이유는 수업평가를 학기 중에 여러 번 실시하기가 어렵기 때문이다. 따라서 학교장들은 일 년에 1～2회 실시되는 수업평가 결과를 수업 개선과 전문성 신장을 위한 목적뿐만 아니라 그 외의 목적으로도 사용할 수밖에 없는 것이다. 그들도 표면적으로는 수업평가의 본질적 목적에 동의하고 있지만, 실제로는 교사의 우열을 가늠하는 잣대로 보고 있는 것이다.

학부모의 입장은 교사와 행정가와는 또 다른 모습을 보이고 있다. 학부모들은 수업평가를 교원평가의 일환으로 생각하고 있으며, 그 목적도 학생의 친권자로서 학습권에 대한 책무성 이행, 부적격 교사의 퇴출에 초점을 두고 있다(전제상, 2001). 특히, 주 관심은 문제 교사의 적발과 이에 대한 대응(재교육, 징계, 퇴출)에 있다. 이것은 학부모들이 수업평가의 본질적 목적을 몰라서라기보다 입시 위주의 교육 상황에서 어떤 교사를 만나는가가 자기 자녀들의 성적에 영향을 미치는 것으로 생각하기 때문이다.

이처럼 수업평가 관련 주체별로 수업평가 목적을 서로 다르게 보는 관계로 일관성 있는 수업평가 목적을 설정하기가 어렵다. 각 입장의 목소리를 모두 수용할 수 있는 수업평가가 되기 위해서는 한 가지 절차나 방식에 의해서가 아닌 다양한 절차와 방식이 시행될 수밖에 없는 것이다. 그럼에도 정부에서 마련한 수업평가는 그 특성상 단일 목적과 내용에 의해 이루어질 수밖에 없는 한계를 가지고 있다. 다양한 목적, 다양한 입장을 모두 수용할 수 있는 단일 수업평가 도구의 개발이 현실적으로 불가능하다는 점을 감안할 때, 현실적으로는 관련 주체들 간의 합의를 최대로 도출해 낼 수 있는 수업평가 목적과 내용 및 방법의 개발로 만족할 수밖에 없을 것이다.

예컨대, 현재 교원능력개발평가의 일환으로 시행되고 있는 수업평가에서는 그 목적을 다음의 네 가지로 제시하고 있다. 첫째, 교사의 수업 및 학생지도에 관한 전문성을 진단하고 그 결과에 근거한 전문성 향상을 지원한다. 둘째, 교사가 자신의 수업을 새로운 관점에서 검토·이해할 수 있는 자기 발전에 필요한 자료를 제공한다. 셋째, 공정하고 타당한 평가 실시 및 결과 활용을 통해 교원의 지속적인 능력 개발을 유도한다. 넷째, 교원의 전문성 신장을 지원함으로써 학교 교육의 질 향상 및 공교육에 대한 신뢰를 제고한다. 이러한 목적들은 과거의 수업평가 목적과는 달리 수업평가의 당위성을 확보하는 데 도움을 준다. 특히 목적에 따른 결과 활용, 지원 방향의 일관성은 수업평가에 관한 긍정적 인식을 확산하는 데 커다란 기여를 하고 있다.

그러나 아직 논란의 여지는 남아 있다. 새로운 수업평가안이 표면적으로는 형성적 평가를 지향하지만, 실제로는 그 결과가 여전히 근무평정 등에 활용될 소지가 내재해 있다. 더욱이 수업평가가 아무리 좋은 의도나 목적을 지녔다 하더라도 교사에겐 부담일 수밖에 없기 때문이다. 또한 학부모나 학생의 수업평가 참여 범위와 방법에 관한 구체적 논의가 좀 더 심도있게 이루어져야 할 것이다. 학부모나 학생의 수업 만족도 평가는 결국 교사의 인기 평가로 전락될 가능성이 많으며, 교사들은 이들의 눈치를 볼 수밖에 없는 관계로 소신 없는 수업을 할 가능성이 높기 때문이다.

수업평가 목적의 당위성 확보는 수업평가 대상자인 교사에게 평가에 대한 긍정적 인식을 심어줄 뿐만 아니라 적극적 참여를 유도할 수 있는 기제로 작용할 수 있다. 또한 다양성의 확보는 수업평가의 객관성과 타당성에 대한 가능성을 높여줄 수 있다. 다양한 목적에 따른 각각의 수업평가 내용과 준거, 기준을 마련함으로써 목적에 부합하는 수업평가를 실시할 수 있을 것이다. 이렇게 될 때, 교사와 행정가, 학생과 학부모의 서로 다른 기대와 다양한 요구 차이를 좁힐 수 있을 것으로 기대된다.

### 2) 수업평가 준거와 기준의 타당성 확보

수업평가의 궁극적 목적을 수업의 질 개선에 둔다면, 평가 준거를 무엇으로 하여야 할 것인가? 지금껏 많은 연구자들이 수업평가에 대한 평가 준거를 구안하고 그에 따른 실천적 접근이 이루어지고 있다. 수업평가 준거와 기준에 대한 체계적인 탐구 노력의 결과, 효과적인 수업에 대한 타당하고 신뢰성 높은 수업 변인들이 밝혀지고 있다. 대표적인 예로

과정-산출 모형에 입각한 수업과정 변인을 들 수 있다. 여기서는 주로 효과적인 교사의 활동에 초점을 맞추고 있다.

예컨대, Borich(2004)는 효과적인 교수 행위를 수업의 명료성, 수업방법의 다양성, 순수 수업활동의 전념 정도, 학생의 참여 정도, 학생의 학습 성공 비율, 학생의 생각과 기여도를 이용, 구조화, 질문 유도, 탐구 및 탐색, 선행 조직자의 10가지 요인으로 설명하고 있다. Valentine(1992)은 효과적인 수업의 구성 요소로 15개 수업 행동을 열거하고 있다. 그것들은 사정(査定)하기, 수업활동의 체계화, 반복하기, 교수매체의 활용, 내용의 구조화, 선행학습과의 연계(success), 내용의 구체적 설명, 실제적 가치의 강조, 학습비율 및 속도 조절, 내용의 계열화, 정당성 유지, 평가하기, 학습태도 훈육하기(discipline), 세부적인 면에 관심주기, 강화하기이다. 한편 Anderson(1991)은 효과적인 수업의 8가지 측면을 적합한 학습과제 부여하기, 수업내용과 검사(평가)를 관련시키기, 계속성을 제공하기, 실수와 오해를 교정하기, 학습자 파악하기, 학습자 안내하기, 학습자 감독 및 통제하기, 학습에 몰두시키기로 밝히고 있다. Millan(1981)은 자기 반성적 사고를 통한 효과적 수업의 평가의 요인으로 수업 목표의 명료성, 학습목표와 학생 성취와의 일치 정도, 수업의 구조화, 설명의 명료성, 수업 내용의 효율적 전달 방법 및 기술, 시간의 효율, 비판적 사고와 분석의 유도(encouraged critical thinking and analysis), 도움이 필요한 아동에 대한 수업 참여 유도, 관점의 차이 극복의 9가지 요인을 들고 있다.

위와 같은 효과적 수업 요인들은 종종 수업평가 준거로 사용되고 있다. 실제 현장에서 사용되고 있는 수업평가 준거와 위에서 열거한 학자들의 평가 준거를 비교하면 별 차이를 보이지 않고 있다. 그럼에도 수업평가 시행 과정에서 교사들은 수업평가 준거에 대하여 적지 않은 불만을 보이고 있다. 교사를 대상으로 한 설문 결과 교사들의 16.4%가 '타당한 평가기준 부재'에 문제가 있음을 지적하고 있다. 교사들은 전문성이 결여된 평가자들이 객관이며 타당한 준거나 기준 없이 인상적인 차원에서 개인의 선호에 기초해 수업을 관찰·분석하며, 장·단점을 임의로 평가하는 것에 불만을 느끼고 있다(Danielson & McGreal, 2000). 여기에는 교사들의 효과적인 수업에 관한 인식의 차이가 작용하고 있다. 대부분의 교사들은 자신이 스스로 획득한 자신만의 관점에서 효과적인 수업을 바라보고 있다. 따라서 제도화된 주어진 수업평가 준거를 자신의 잣대에 맞추어 비판하고 평가 준거나 기준의 신뢰성과 타당성에 의문을 갖는다.

예컨대, 한국교육과정평가원(2004)에서 조사한 우리나라 초·중등 교사가 생각하는 좋은 수업에 관한 설문 결과가 이를 잘 보여주고 있다. 구체적인 설문 결과를 보면 일부 교사들은 과거 행동주의 학습이론에 기초한 직접 교수법을 선호하고 있는 반면, 일부 교사들은 학생 중심의 학생이 적극적으로 참여하는 수업을 좋은 수업으로 생각하고 있었다. 또 다른 일부 교사들은 직접 교수법과 학생 중심의 참여 수업의 적절한 혼합이 좋은 수업이라고 응답하고 있다. 이처럼 효과적인 수업에 관한 교사 인식의 차이는 단일의 수업평가 준거와 기준 설정에 어려움을 낳게 한다. 따라서 교사가 만족하고 신뢰할 수 있는 수업평가 준거와 기준의 설정은 효과적인 수업에 대한 바른 인식과 합의에 있다고 하겠다. 개인적 경험에서 바라보는 좋은 수업에 관한 인식 외에 다양한 관점과 입장을 인식시킴으로써 여러 수업평가 준거와 기준 중에서 합리적이고 타당한 수업평가 준거와 기준에 관한 합의가 이루어질 수 있도록 해야 한다.

이 외에도 수업평가 준거와 기준 설정의 신뢰성과 타당성을 확보하는 데 있어 또 하나의 어려움은 다양한 수업평가의 목적에 있다. 주지하듯이 수업평가의 근본적 목적은 수업의 질 개선과 교사의 수업 전문성 신장에 있다. 그러나 그 외에 다른 목적으로 실시되는 수업평가의 경우 수업평가 준거나 기준은 달라질 수밖에 없다. 과거 수업평가 준거나 기준들은 대부분 근무평정의 일환과 같은 총괄적 관점에서 이루어졌다. 이러한 목적 하에 만들어진 수업평가 준거나 기준은 오랫동안 학교 현장에 자리 잡고 있으며, 현재에도 사용되고 있다. 따라서 교사가 요구하고 있는 수업평가 준거나 기준과는 어느 정도의 괴리가 존재하며, 수업평가의 근본적 목적에 부합한 평가 준거나 기준과도 차이가 있다.

앞으로 수업평가 목적에 부합하는 평가 준거나 기준을 개발하고, 그 타당성과 객관성을 확보하기 위해서는 이론적 접근과 더불어 수업평가 대상인 교사들의 이해와 합의가 선행되어야 한다. 또한 비록 국가 수준의 수업평가 준거 개발이 이루어진다고 하더라도 이를 학교 현장에 맞게 재구성할 수 있는 융통성을 부여하여야 할 것이다. 수업평가 기준을 지나치게 구체적으로 설정해 융통성이 부족한 평가는 오히려 수업평가를 획일화하거나 단순화시킬 가능성이 높다. 단일 수업평가 준거와 기준을 개발한다고 하더라도 국가 차원에서는 전반적인 개요와 일반 기준들을 제시하고, 세분화된 요목이나 기준은 학교의 실정에 맞게 재구성할 수 있도록 남겨 두어야 할 것이다. 이를테면, 초임교사와 경력교사에 따른 수업평가 기준의 차이를 들 수 있다.

뿐만 아니라 대부분의 평가 준거나 평가 지표에서 간과하고 있는 부분이 있다. 바로 교사의 자기 반성적 태도에 관한 영역이다. 모든 평가가 그러하듯이, 평가 결과에 대한 긍정적 유대감의 형성과 그에 따른 피드백이 평가의 핵심임에도 불구하고 이전의 수업평가 준거에 대한 논의에서는 거의 다루지 않고 있다(추광재, 2004). 아무리 좋은 평가 도구가 개발되고 그 시행을 위한 제도적 장치가 마련되어있다 하더라도 이를 받아들이는 교사들의 긍정적 태도와 긍정적 자기반성이 이루어지지 않는다면 평가 자체가 아무 의미를 갖지 못하게 될 것이다.

예컨대, 앞으로 시행될 수업평가에서는 교사와 수업평가 전문가, 그리고 학교 행정가를 중심으로 수업평가의 준거나 기준 설정의 타당성과 적용의 융통성을 찾는 노력이 선행되어야 할 것이다. 수업평가 준거와 기준의 타당성 확보를 위해 효과적인 수업에 관한 교사와 전문가와의 상호 협의 기회의 제공, 모호한 준거와 기준 내용의 재구성, 평가 준거의 객관화 가능성 여부와 그에 따른 질적 접근 방식의 구안, 평가 준거의 내용과 중요도에 따른 기준의 차등 적용에 관한 논의가 이루어져야 할 것이다.

### 3) 수업평가 방법의 객관성과 다양성 추구

기존의 수업평가 방식은 주로 교장, 교감, 장학사 및 동료교사 등이 참여하는 타인에 의한 평가였다. 여기서는 주로 표준화된 도구나 관찰법을 사용한다. 때문에 수업에 관한 교사나 학생의 표면적 행위만을 파악할 뿐, 그 이면에 숨어있는 의도나 과정을 제대로 파악하기 어렵다. 이러한 한계를 극복할 수 있는 한 가지 대안이 곧 자기평가이다.

한국교육과정평가원의 설문조사(2004)에 따르면 전체 초·중등 교사 중 약 37%가 바람직한 수업평가 방법으로 자기평가를 원하고 있다. 자기평가는 자기반성에 기초한 수업 개선을 목적으로 하고 있다. 자기평가는 수업 효과를 증진하는 데 큰 영향을 미친다고 한다(Danielson, 1996). 즉, 교사가 수업설계 과정에서 학생들의 학습 수준, 성격, 학습태도, 차시 목표, 교과 내용 등을 고려하여 가장 적합하다고 생각되는 수업방법을 선택해 수업을 실행하고 스스로 잘잘못을 점검하며 수정하는 것이다. 이 평가에서는 교사가 최적의 학습을 계획하고 실천하는 과정에 스며있는 내부 과정을 모두 평가할 수 있는 점에서 의의가 크다고 본다.

그런데 현행 수업평가 방법은 주로 수업관찰에 의존하고 있다. 한두 번의 수업관찰과 분석으로 수업평가를 하는 것이다. 이 평가를 통해서는 교사들이 수업을 개선하기가 쉽지 않다. 왜냐하면 교장과 교감 및 장학사, 그리고 동료교사들의 수업평가는 평가 대상 교사의 내면 과정을 제대로 볼 수 없을 뿐만 아니라 피드백도 온정주의에 흐를 가능성이 크기 때문이다.

실례로 교육행정가나 동료교사에 의한 평가의 경우, 직접적인 수업관찰이나 비디오 녹화 등의 간접적인 수업관찰을 통하여 교사의 수업활동을 분석한다. 수업 분석은 주어진 평가 기준에 의해서 실시되며 점수화된다. 그리고 측정된 점수로 교사의 수업이 효과적이었는지 아닌지를 판단한다. 이 과정에서 교사 수업 전반에 대한 토론 시간이 주어지지만, 대부분은 주로 교사 수업의 장점을 이야기하는 형식적 절차를 거치는 경우가 대부분이다. 이렇게 하는 주된 이유 중의 하나는 수업평가를 받은 교사가 학년이나 학교를 대표로 한 것인데 어찌 단점을 이야기하여 상처를 줄 수 있는가와 같은 온정주의가 깔려 있기 때문이다. 수업평가 대상 교사에게 잘못을 지적하는 것이 못할 짓이라는 동료애의 발로이다.

수업관찰에 바탕을 둔 교사 자신의 평가도 실제로는 앞에서 보았던 자기 반성평가와는 달리 수업 계획으로부터 실천에 이르는 전 과정의 내부 과정을 평가하는 것과 많은 차이가 난다. 일반적으로 타인의 평가(교장과 교감 및 장학사, 동료교사 등)를 통해 주어진 평가 점수를 취합하고, 취합된 점수 중 낮은 점수를 얻은 영역이나 평가 기준을 확인하며, 이 영역의 개선을 위한 연수 계획 등을 세우는 것으로 끝을 맺는다. 이로 인해 이 과정에서 교사는 자신의 문제에 관하여 타인의 구체적인 조언이나 그 이유 혹은 대안을 듣지 못한다. 그 대신 시험지 받아들듯이 점수화된 측정지의 결과를 통하여 스스로 그 이유를 파악하고 대안을 탐색해야 하는 어려움에 직면하게 된다. 특히, 초임 교사의 경우 자신의 점수에 대하여 해석하고 스스로 문제를 해결해 나갈 수 있는 경험과 역량이 부족하여 수업평가가 추구하는 전문성 개발에 어려움을 호소하고 있다.

학부모나 학생에 의한 평가는 만족도 조사 방법을 취하고 있다. 학부모나 학생이 수업을 평가할 수 있는 안목을 지니지 못하고 있다는 점을 감안하면 수업에 대한 만족도 조사라는 간접적 평가가 그럴 듯해 보인다. 그러나 여기에는 수업과는 별개로 존재하는 평가 저해 요인이 숨어 있다. 학부모나 학생의 입장에서는 수업 전문가인 교사가 자신의 교육철학이나 신념에 의하여 수업하기보다는 학부모나 학생이 입맛에 맞는 수업을 해주길 원한다. 입시위주의 교육현실에서 교사가 원리나 이해위주의 수업을 하기보다는 암기 위주의 족집게 식의 수업 방식을 원한다는 것이다. 학생의 점수에 따라 교사가 평가되고, 학생들이 원하는 방식으로 수업을 해나가는 교사가 수업평가 만족도에서 높은 점수를 얻게 된다는 것이다. 따라서 학부모나 학생에 의한 평가는 자칫 인기투표가 될 가능성이 있다는 점을 배제할 수 없다.

이상의 내용에 비추어보면, 수업평가가 고유의 목적을 달성하고 그 효과성을 입증하기 위해서는 수업평가 방법의 객관성과 타당성 외에 각 평가 주체에 따른 적합한 방법을 확보할 필요가 있다. 각 평가 주체별로 서로 다른 평가 방법을 취하려는 논의가 함께 이루어져야 할 것이다.

예컨대, 타인의 평가인 경우 행정가에 의한 평가와 동료에 의한 평가가 구분되어 실시되어야 한다. 같은 학년 혹은 같은 과목을 담당하고 심리적으로도 편한 동료들에 의한 평가는 교육행정가에 의한 평가에 비해 보다 자유로운 분위기에서 수업에 관한 다양한 논의가 가능하다. 비슷한 고민과 어려움을 공유하고 있는 동료교사로부터 수업평가를 통하여 수업 내용, 방법에 관한 문제, 학생에 관한 문제를 수평적인 위치에서 해결점을 모색하고 개선을 위한 노력을 함께 할 수 있기 때문이다. 그러나 현실은 그렇지 않다. 동료 이외에 교장, 교감 등의 교육행정가가 참여하여 동료평가와 교육행정가에 의한 평가가 동시에 이루어진다. 명목상 동료평가는 존재하나 실질적인 동료평가는 존재하지 않는 셈이다. 즉, 평가 결과의 취합 과정에서 동료교사와 교육행정가의 평가 결과가 구분되어 취합되고, 동료의 평가 결과는 동료평가로서 명명되며, 교육행정가의 평가 결과는 교육행정가에 의한 평가로 명명되어져 사용된다는 것이다.

자기평가의 경우도 타인이 매긴 점수에 따라 이루어지는 방식이 아닌, 자신의 수업을 스스로 되돌아볼 수 있는 비디오 녹화 등의 방법을 활용하여야 할 것이다. 또한, 수업 전·후에 개최되는 수업평가 협의회의 실질적 운영을 통하여 이루어져야 할 것이다. 이렇게 함으로써 표면적인 교사 수업행동 위주의 평가로부터 자기반성을 통한 수업의 문제점을 드러내고, 개선안을 스스로 탐색하는 방식으로 전환할 수 있다.

또 다른 대안으로 수업 전·후의 교사의 대화 내용을 분석하여 수업 개선의 실마리를 찾아내는 질적 평가 방법을 고려할 수 있다. 그리고 교사 스스로 평가에 대한 전문적 지식의 습득을 위한 노력이 필요하다. 교사들의 수업평가에 대한 인식의 제고와 수업을 객관적으로 바라볼 수 있는 전문적인 평가 지식이 선행되어야 한다는 것이다. 자신의 경험에 의한 지식만을 가지고 타인의 수업을 이해하고 바라보는 평가는 오히려 갈등과 불신을 낳게 할 가능성이 크기 때문이다.

요컨대, 수업평가 방법의 다양성은 수업평가의 객관성을 확보하는 하나의 방법이 될 수 있다. 평가 주체별, 학교 급별, 교과별 등에 따른 다양한 평가 방법의 모색은 교사의 수업 활동을 보다 구체적으로 다각적인 차원에서 이해하고 바라볼 수 있는 안목을 형성하는 데 도움을 줄 것으로 기대된다. 예를 들면, 타인에 의한 평가 외에 자기평가 기회의 확대, 양적 평가 외에 질적 평가의 방법의 도입이 수업평가의 객관성과 타당성을 확보할 뿐만 아니라 수업평가 방법의 객관성을 확보하는 전제 조건이 된다. 그럼에도 불구하고, 현행 수업평가 방법에는 이러한 평가 방식의 다양성이 포함되어 있지 않다.

### 4) 수업평가 개선 방안

이상의 검토 결과를 바탕으로 앞으로 시행될 수업평가 과정에서 진지하게 고려하거나 개선해야 할 사항들을 살펴보면 다음과 같다.

첫째, 수업평가에 목적을 확고히 하여야 할 것이다. 부적격 교사 '선발'을 위한 수업평가인지 아니면 수업의 질 향상을 목적으로 한 '개선'을 위한 수업평가인지를 명확히 하여야 할 것이다. 일반적으로 수업평가의 목적은 '개선'과 '선발' 및 '진단'에 있다. 과거 초·중등학교에서의 수업평가는 주로 개선보다는 진단에 목적을 두고 있었다. 물론 개선을 위하여 진단은 필수적 활동이지만, 진단을 통한 개선의 목적이 아닌 진단 그 자체에 수업평가의 목적을 두었던 것이다. 진단을 통하여 교사의 능력을 상대적으로 비교하고 그 결과를 승진이나 포상 등의 행정적 업무를 처리하였던 것이다. 이러한 수업평가는 교사들의 수업 전문성을 향상시키기보다 오히려 교사 능력을 가늠하는 잣대 역할을 했던 것이다. 그 결과 수업평가가 곧 교사들의 긴장과 불안을 조성하는 부정적 제도로 인식되었다. 이러다 보니 수업평가의 제도화 과정에서 교사와 교원단체의 반발은 당연한 결과였다.

그러나 교원능력개발평가의 일환으로 실시되는 수업평가는 수업 개선과 교사의 전문성 개발에 초점을 두고 있다. 따라서 수업평가의 결과는 승진과 같은 행정적 용도를 사용해서는 절대 안된다. 그러나 그 내용과 방법이 목적에 부합되는지 여부는 여전히 의문이다. 평가 목적이 달라지면 내용과 방법도 자연스럽게 달라져야 한다. 그러나 수업평가의 목적이 변했음에도 불구하고 평가 내용과 방법은 여전히 '총괄적 평가 관점'에서 벗어나지 못하고 있다. 평가 목적과 내용 및 방법 간의 불일치는 교사들에게 수업평가에 대한 불신을 갖게 하며, 종국에는 수업능력과 전문성 개발이라는 본연의 목적도 달성할 수 없게 될 것이다. 따라서 앞으로의 수업평가는 행정적 차원에서 '선발'과 '진단'을 목적으로 하는 수업평가와 수업의 질 '개선'을 목적으로 하는 수업평가를 반드시 구분하여 실시해야 할 것이다.

둘째, 수업평가 준거와 기준의 다양성과 자율성을 인정하여야 할 것이다. 수업은 교사 특성을 비롯하여 학습자 특성 그리고 학습 내용과 학습 환경 등의 요인에 따라 매우 다른 양상을 보인다. 예컨대, 초임 교사와 경력 교사의 수업평가에서 관심을 가져야 할 영역이 다르다. 개념 중심 수업과 발견 중심 수업에서 평가해야 할 준거나 기준이 다를 수밖에 없다. 그리고 초등학교와 중등학교 수업의 평가 준거나 기준도 마땅히 달라져야 한다. 그럼에도 불구하고 현재 시행되거나 앞으로 시행될 수업평가 도구의 평가 준거나 기준을 보면 획일적으로 모두에게 적용된다. 심지어 초·중등의 구분도 없이 모두 같은 평가 준거나 기준을 사용하고 있다. 최소한 학교 급의 특성, 교과 특성에 따른 수업평가 기준이 필요하며, 학교의 특성이나 상황, 교사 특성 등을 고려한 수업평가 기준의 개발이 필요하다.

셋째, 수업평가 방법을 다양화할 필요가 있다. 교사의 전문성 개발과 수업의 질 향상을 위한 평가에서는 수업을 다각적으로 분석하고 총체적으로 파악하려는 시도를 하여야 할 것이다. 특정 시점의 관찰이나 표준화된 평정 척도에 따라 기계적으로 평가하기보다 자기평가 방법 등도 과감하게 채택하여야 할 것이다. 한두 가지 관점과 방법만으로 수업의 표면적인 부분만을 평가하는 것은 수업 개선에 큰 영향을 미치지 못할 것이다.

넷째, 수업평가를 위한 교사의 연수가 필요하다. 수업을 평가하는 데 있어서 수업을 관찰하고, 수업 행위를 분석하고, 자료를 모으고, 자료에 드러난 수업자의 의도를 찾아내고, 수업의 장·단점을 찾아내는 일은 수업에 관한 전문적 지식 없이 쉽게 할 수 없다. 수업 분석을 위한 여러 방법을 이해하고 효과적인 수업 요소들을 인식하고 찾아내기 위한 지식 없이 일반적인 수업 이론이나 개인 경험에 의존한 수업평가 활동은 타당성과 객관성이 결여될 가능성이 높다. 또한, 수업평가 준거나 기준에 적합한 수업행위를 구분하고 올바른 측정을 하기위해서도 기본적인 평가 지식이 필요하다. 그러나 아직 수업평가를 위한 연수가 부족한 실정이다.

다섯째, 수업분석 도구의 지속적인 개발이 필요하다. 수업평가 과정에서 수업분석은 객관화된 교사 행동이나 수업 행동의 측정에 필요한 활동이다. 현장에서 주로 쓰이는 분석 도구들은 관찰결과를 미리 준비한 체크리스트에 체크하거나 혹은 자유기록 방법이다. 특히 체크리스트 방법이 흔히 사용되고 있는데 이것마저도 분석 도구 사용의 복잡성과 불편함으로 인하여 그 효과를 충분히 이용하지 못하고 있다. 좀 더 쉽게 사용할 수 있고, 우리 현실에 적합하며, 교사의 수업 행동을 객관적으로 파악할 수 있는 다양한 분석 도구의 개발은 수업평가의 질을 높일 수 있을 것이다.

여섯째, 수업평가 결과에 대한 피드백이 필요하다. 수업평가가 단순히 교사의 능력을 측정하고, 보여주는 것으로 끝나서는 교사의 수업 전문성 신장을 기대할 것이 없다. 개별 교사의 수업을 통하여 교사의 장점과 단점을 찾아내어 장점은 극대화하고 단점은 연수 등의 지원 활동을 통하여 개선할 수 있도록 하는 평가 후 활동이 활성화되어야 한다. 방학 외에 방과 후에도 교사들의 자율 연수 활동이나 자체 연수 활동을 적극 지원하는 등의 피드백은 교사의 지속적인 전문성 발달에 큰 도움이 될 것이다.

단순히 겉으로 드러나는 수업 활동은 수업평가 내용의 일부에 지나지 않는다. 수업평가의 주된 내용은 학생들에게 바람직한 변화를 유발할 수 있도록 가르치고 안내하고 이끌어가고자 하는 교사의 수업 계획으로부터 교사의 교과 전문성과 수업방법 및 기술, 그리고 학생과의 관계위기 등이라 하겠다. 그러나 일반적으로 시행되고 있는 수업평가는 교사의 외적 수업 행동에만 초점을 맞추고 있는 경우가 많다. 평가의 초점도 대부분 교수·학습 방법만을 강조하는 경우가 많다. 실제 수업평가 연구물이나 평가를 위한 도구, 편람을 살펴보면 '다양한 교수·학습 방법 활용 정도', '멀티미디어 기자재 활용 정도', '수업 절차에 따른 교사의 일률적인 행동의 유무 여부' 등이 주를 이룬다(유균상 외, 2001).

겉으로 드러나는 교사의 활동에만 관심을 갖다보니 교사의 수업행동이 어떠한 의도로 이루어지는지를 파악하기보다 최신 기자재의 사용 여부, 학생들의 활동이 많고 적은지 여부 등을 파악하는 것이 수업평가의 내용으로 인식하는 경향이 강하다. 수업평가에 대한 이러한 인식은 수업의 외형적인 부분만을 주로 평가의 대상으로 삼은데 있으며, 수업평가의 과정보다 결과를 수업의 질적 개선보다 수업평가를 통하여 교사의 수업 능력을 판단하고 이를 근거로 행정적 자료로 이용하고자 하는데서 기인한 것으로 여겨진다. 또한 객관화할 수 없는 교사의 수업행위는 도구의 객관성을 떨어뜨린다는 이유만으로 드러난 교사의 수업행동만을 평가의 척도로 삼는 것이 당연시되고 있다. 수업평가의 방식에서 이러한 모습은 더욱 확연히 드러난다. 교사의 수업평가와 관련한 수업평가 도구나 분석 도구를 살펴보면 말의 빠르기, 세기, 발문 횟수, 발문 종류 등의 언어행동과 판서, 교사의 위치 등의 교사 행동 그리고 수업을 시간별 흐름에 따라 단계를 구분하고 각 단계별 교사의 행동에 대하여 정해진 기준에 의해 점수를 주는 형식을 취하고 있다. 하지만 객관화할 수 있는 이러한 평가 내용의 평가 척도나 기준에 있어서도 역시 매우 적절한 것과 다소 적절한 것의 차이가 무엇인지 어떠한 진술이 바람직한 것인지에 대한 기준이 없다. 설령 그러한 기준이 있다 하더라도 교사의 행동을 일일이 짧은 시간에 분석하고 판단하기란 여간 어려운 일이 아니다.

요컨대, 수업평가는 교사들의 수업 전문성을 제고하기 위한 활동이며, 이를 통하여 효과적인 수업을 영위하기 위한 것이다. 따라서 수업평가는 기존의 근무평정이나 성과급 결정의 일환으로 시행되는 수업평가와는 구분하여야 할 것이다. 평가 목적이 다른 만큼 그 평가 내용과 방법 및 기준이 달라져야 할 것이다. 특히 하나의 수업평가 결과를 다양한 목적으로 사용하는 기존의 방식은 반드시 개선되어야 한다. 앞으로의 수업평가는 목적에 적합한 관점에서 계획되고 실천되어야 할 것이다. 수업평가 내용은 물론, 방법도 이 취지에 적합한 것이어야 할 것이다. 수업의 다양한 특성을 감안하여 수업평가 도구도 다양하게 개발하여 시행하여야 할 것이다. 종래의 형식적이거나 행정적 차원에서 천편일률적으로 해오던 수업평가는 수업의 질 개선에 큰 도움이 되지 않는다. 특히 겉으로 드러나는 교사의 수업행동만 평가할 것이 아니라 수업에 관련된 그들의 잘 드러나지 않는 정의적 행동 특성도 평가 영역으로 포함시켜야 할 것이다. 이렇게 할 때 교사들의 수업평가가 총체적으로 이루어질 수 있으며, 실제적일 수 있을 것이다.

## 4 교육과정의 질 관리와 수업평가의 관계

교육의 질은 교육과정의 질을 넘지 못한다는 말이 있다. 이 의미는 교육의 핵심적인 질문 중의 하나인 무엇을, 왜, 어떻게 가르쳐야 하는가에 대한 질문의 답이 궁극적으로 교육과정에 의해 제시되기 때문이다. 따라서 교육의 질을 관리하기 위해서는 교육과정의 질을 관리할 필요가 있으며, 교육과정의 질 관리를 위한 방안 중의 하나가 바로 교육과정 평가라고 볼 수 있다. 특히, 수업평가와 관련하여 1980년대에 들어서면서 평가의 관심이 학생들의 학업성취도 평가에서 교육과정 평가로 돌아서고 있는 것도 이와 맥락을 함께 하고 있다. 또한 교육과정의 영역에서 평가에 대한 사고와 이론이 보다 정교해짐으로써 교육과정 평가의 영역이 확대되고 심화되어지고 있는 것, 학교교육에 대한 자율성과 책무성이 강조되고 이에 따라 학교교육과정의 평가가 현실적으로 대두되고 있는 것이 이러한 변화를 주도하는 밑거름이 되고 있다.

교육과정평가의 기본 목적은 계속적인 교육과정의 개선을 통한 교육의 질 관리이며, 여기서 교육의 질을 관리한다는 것은 첫째, 교육과정의 개발체제와 문서내용의 질을 관리하며, 둘째, 교육활동에 참여하는 사람들의 질을 관리하고, 셋째, 교수·학습활동의 결과로서 교육성과의 질을 관리하는 것을 의미한다고 볼 수 있다. 교육과정평가의 맥락에서 교육의 질 관리는 국가나 지역 수준보다는 일차적으로 학교 수준의 교육과정의 질을 관리하는 것을 의미한다. 왜냐하면 국가 수준과 지역 수준의 교육과정 평가는 궁극적으로 학교 수준의 교육과정이 효과적으로 편성·운영될 수 있는 보다 좋은 여건을 만들어주기 위한 목적에서 실시되기 때문이다(한국교육과정학회, 2002). 이러한 관점에서 학교교육과정평가의 목적을 구체적으로 살펴보면, 현재 학교에서 사용되고 있는 교육과정의 제 요소에 대한 평가, 단위 학교가 자율적으로 개발한 교육과정의 제 요소에 대한 평가, 학교교육과정의 질을 관리하기 위하여 이루어지는 평가로 구분할 수 있다. 또한 학교교육과정의 질을 학생들의 교과목별 학업 성취 수준과 학업성취 외에, 교육내용의 질, 교수 방법의 탁월성 등 과정의 질로 구분할 때 수업평가는 학교교육과정의 질 관리를 위한 기제로서의 인식이 가능해진다.

## 5 교육과정 영역으로서의 수업평가 성격

일반적으로 수업은 교사와 교육과정에 의하여 이루어지며, 수업의 목적은 교육 목적의 구체적인 실현의 장으로서 학생의 바람직한 인지적, 정서적, 신체적 변화라는 본질적 목적에 의해 설계되고 구현되어진다. 또한, 수업의 외형적 관점에서 보면 교사의 행위와 학습자의 학습활동에 의해 이루어지며 다루어지는 교육내용(교과)은 교사와 학생의 활동의 핵심적인 내용으로 여겨진다. 그리고 수업의 목적은 교육내용(교과)을 정해진 시간동안 얼마나 정확하게 인지하고 이해하느냐에 있으며, 평가에 대한 인식에 있어서도 단위 시간에 변화된 학생들의 지적 능력, 특히 정보의 양을 측정하는 데 더 관심이 있는 것을 보인다. 그러나 본질적 관점에서의 수업은 이와는 다른 모습을 보인다. 교사는 단순히 수업의 내용, 혹은 교과의 내용을 가르치는 것이 아니라 교과의 내용에 자신의 가치, 경험, 신념, 사고방식 등을 교과의 내용에 담아 가르치며, 평가에 있어서도 단시간의 변화보다는 본질적 변화, 혹은 질 높은 교과학습경험 통한 인성발달이라는 장기간의 변화에 초점을 둔다.

기존 수업과 관련한 연구에서 과정-산출 패러다임이 수업의 외형적인(실증적) 부분에 대한 교수와 학습에 있었다고 한다면 본질적 측면에서의 수업은 외형적 측면 이면의 내면적 측면에 관심이 있다고 보아야 할 것이다. 수업연구의 패러다임 역시 '효율적인 수업', 즉 외형적 부분에 대한 부분과 외형적 부분에만 강조한 데서 나타나는 내면적 과정의 경시를 보완, 수정하려는 과정을 거쳐오고 있다. 과정-산출 패러다임에서 중재과정 패러다임, 교실 생태학적 패러다임, 인지과학적 패러다임의 변화가 그러하다.

교육과정 영역에서의 수업은 단순히 드러나는 수업의 활동에 대한 모습이 연구의 대상이 되지 않는다. 교육과정 영역에서의 수업의 성격은 교육의 본질적 목적에 비추어 내용을 구성하고 그 구성한 내용을 학생들에게 바람직한 변화를 유발할 수 있도록 가르치고 안내하고 이끌어 갈 것인가에 대한 계획과 교사의 전문적 방법과 수업기술을 바탕으로 실제 이루어지는 과정으로서의 의미를 지닌다. 수업의 성격이 이러하다면 교육과정 영역으로서의 수업평가는 어떻게 달라지는가? 기존의 수업평가의 성격과 어떠한 점에서 차이를 보인다고 할 수 있겠는가하는 의문을 가질 수 있다.

일반적으로 수업평가는 교사평가의 핵심부분으로 인식되고 있으며, 따라서 교사의 수업 행동에만 초점을 맞추고 있다. 평가의 방식에 있어서도 대부분 교수·학습 방법만을 강조하는 경우가 많다. 실제 수업평가 연구물이나 평가를 위한 도구, 편람을 살펴보면 '다양한 교수·학습 방법 활용 정도', '멀티미디어 기자재 활용 정도', '수업 절차에 따른 교사의 일률적인 행동의 유무 여부' 등을 주를 이룬다(유균상 외, 2001). 즉, 교사의 보여지는 활동에만 관심을 갖다보니 교사의 수업행동이 어떠한 의도와 목적에 의해 이루어지는지 파악하기보다는 최신 기자재를 사용하는지 안하는지의 여부, 학생들의 활동이 많은지 적은지의 여부 등을 파악하는 것이 수업평가의 기준으로 인식되는 경향이 강하다. 예를 들어 분필을 들고 칠판을 사용하는 수업을 과거의 전통적인 수업방법, 혹은 교사중심의 수업으로 간주하거나, 교사의 설명과 시연에 의한 수업보다 학생들의 활동이 우선시되어야 학생중심 수업, 또는 자기주도적 수업으로 간주되는, 더불어 컴퓨터나 인터넷 등 최신 수업 기자재 사용을 교사의 전문성으로 간주하는 경우가 그러하다. 그러다 보니 연구수업이나 시범수업을 보게 되면 참으로 많은 종류의 '학생활동'으로 수업이 이루어지게 된다. 이야기 줄거리를 바꾸기도 하고, 그림을 그리기도 하고, 신문에서 글자를 오려붙이기도 하고, 인터넷을 이용하여 자료를 찾기도 하고, 컴퓨터나 실물화상기를 이용하여 발표를 하기도 하는 등의 활동이 한 단위 수업에서 이루어지는 것을 종종 관찰할 수 있다. 그러나 이러한 수업들 중에는 학생들은 무척 바쁜데 수업을 통해서 얻는 것이 무엇인지 분명하게 드러나지 않는 경우가 자주 발견된다. 수업을 준비하기 위해 교사가 들여야 하는 시간이 너무 많음에도 불구하고 수업의 목표로 학생들을 이끌어가는 교사의 역할은 오히려 발견되기 어려운 경우가 많다(김정원, 2002).

수업평가에 대한 이러한 기존의 인식은 수업의 외형적인 부분만을 주로 평가의 대상으로 삼은 데 있으며, 또한 수업평가의 과정보다 결과를 통하여, 수업의 질적 개선보다 수업평가를 통하여 교사의 능력을 판단하고 이를 근거로 행정적 자료로 이용하고자 하는 데서 기인한 것으로 여겨진다. 수업평가의 연구가 교육행정 영역에서 보다 활발히 이루어지는 것도 이러한 이유로 인한 것으로 생각된다. 수업평가의 방식에서 이러한 모습은 더욱 확연히 드러난다. 교사의 수업평가와 관련하여 기존 수업평가도구나 관찰도구를 살펴보면 교사의 행동을 수업의 시간별 흐름에 따라 단계를 구분하고 각 단계별 교사의 행동에 대하여 정해진 기준에 의해 점수를 주는 형식을 취하고 있다. 예를 들면 '목표진술'이라는 영역을 정하고 평가의 준거로서 '학습자의 수준에 적합한 목표를 진술하였는가?'를 제시하고 제시 정도에 따라 5점에서 1점까지의 차이를 두고 있다. 점수의 기준은 대부분 '매우 적절함'은 5점, '다소 적절함'은 4점, '보통'은 3점과 같은 형식을 따르고 있다. 도대체 수업의 목표 진술에 있어 '학습자의 수준'에 적합한 진술이란 무엇을 의미하는지, 실제 수업 목표 진술에 있어서 교사는 교과의 교육과정에 제시된 수업목표를 기준으로 하여 목표를 재구성하거나 그대로 사용하는 경우가 대부분이며 따라서 학습자의 수준에 맞지 않는 목표를 교사가 진술했다고 한다면 이는 교사의 잘못이기보다는 교과의 교육과정 목표의 문제로 보아야 한다. 점수의 기준 역시 매우 적절한 것과 다소 적절한 것의 차이가 무엇인지 어떠한 진술이 바람직한 것인지에 대한 기준이 없다. 설령 그러한 기준이 있다 하더라도 교사의 행동을 일일이 짧은 시간에 분석, 판단하기란 여간 어려운 일이 아니다.

교사평가의 일환으로서의 수업평가, 행정적 활용을 위한 수업평가의 목적 자체가 수업의 개선에 일차적 관심을 두고 있다기보다는 인사·승진을 위한 교사행동의 객관적 평정을 필수 요소로 인식하는 행정적 관심에 있으며, 이러한 과정에서 결과를 중시할 수밖에 없는 행정적 수업평가의 기존 인식이 수업개선을 목적으로 하는 수업평가에 있어서도 그 방식을 그대로 답습하게 하는 요인으로 자리잡은 것으로 여겨진다.

인사·승진을 통한 교사의 전문성 유도라는 행정적 입장에서의 수업평가, 외형적, 결과적 수업평가와는 달리 교육과정영역으로서의 수업평가는 수업의 질 개선을 통하여 교사의 질, 교육과정의 질, 교육의 질을 향상시키는 데 그 목적을 두어야 하며, 내면적, 과정적 평가 방식을 취해야 한다. 수업평가를 통하여 얻고자 하는 것은 수업개선이며 수업개선의 목적은 교사의 수업 전문성 향상을 통하여 학생들에게 의미있는 학습 경험을 제공하고자 하는 것이다. 여기에서 의미있는 학습경험이란 교과가 가지고 있는 가치로운 삶의 단서, 실마리, 사고방식 등을 교사의 가치, 사고방식, 경험, 방법을 통하여 학생들에게 전달하는 함으로써 학생들이 갖게 되는 지적, 정서적 경험을 의미한다. 이러한 측면에서 수업평가는 교사의 수업전문성 계발을 위한 것이며 교사의 수업전문성 향상이 수업의 질을 보장한다는 의미가 포함되어있는 활동인 것이다.

즉, 교육과정영역으로서의 수업평가는 수업전문성을 위한 활동이며, 교사의 전문성의 한 부분으로서 수업 전문성이란 교사에게 요구되는 다양한 전문적 활동 중에서 가장 큰 비중을 담당하고 있는 수업에 대한 전문성을 의미하며 효과적인 수업을 위한 교사의 행동양식과 수업방법,

수업전략 등의 수업 기술 능력이 이에 해당된다. 또한, 여기에서의 수업의 전문성에는 수업 그 자체가 가지고 있는 내재적 가치에 대한 전문성 외에 도덕적, 사회적 미분화 상태인 학생들의 잘못된 행위에 대한 기준을 분명히 하고 스스로 도덕적 행위의 실행자 그리고 모범자로서 직업의 윤리성 외에 마땅히 인간으로서 추구하고자 하는 교육 이상에 대한 실천가로서의 자질이 포함되어 있음을 전제로 하고 있다.

이러한 수업전문성 향상을 위한 수업평가는 전술한 바와 같이 기존의 수업평가와 성격상 몇 가지 차이를 보이고 있다. 이러한 성격상 차이는 평가 방식에 있어서도 기존의 방식과는 다른 다음의 방식을 요구하게 한다.

첫째, 기존의 수업평가들이 대부분 결과에 치중한 실증적 점수 방식이 주를 이루고 있다면 교육과정영역으로서의 수업평가는 과정적, 주관적, 이해적 평가 방식을 띠어야 한다. 수업의 과정에서 교사가 의도한 대로 수업이 이루어지는지에 대한 여부, 학생들의 수업에 대한 몰입 정도, 수업분위기, 교사와 학생과의 관계 등은 수치로서 검증되어지는 것이 아니라 평가자가 수업의 참관을 통하여 주관적으로 판단되는 내용이며, 수치의 검증이 아닌 눈과 마음을 통한 이해의 과정이어야 한다.

둘째, 평가 절차에서의 차이이다. 기존 수업평가에서 교육과정 전달자인 교사의 수업의도에 대한 절차가 생략되거나 형식적으로 이루어졌다. 그러나 수업평가에 있어 수업 전후, 수업평가를 받는 교사와의 면담이 필수적으로 이루어져야 한다. 교사 면담은 수업평가를 위한 사전 준비 활동이자, 수업 후 교사의 수업 행위에 대한 의미를 제대로 파악하기 위한 수단으로써 중요한 의미를 지닌다. 수업 전 면담을 통하여 교사의 수업에 대한 인식, 학급분위기, 학생들의 수준, 수업에 대한 교사의 개인적 고민 등을 파악할 수 있으며 이러한 내용들이 수업하는 과정에서 어느 정도 확인될 수 있을 것으로 보이며 교사의 수업 행위를 보다 잘 이해할 수 있게 될 것이다. 기존의 수업평가는 이러한 과정이 생략되고 수업과정만을 가지고 수업의 과정을 이해하려고 하는 경우가 대부분이었다.

셋째, 교사의 교과 및 교육학에 대한 지식과 더불어 교육관, 수업관, 학생관 등에 대한 확인이 필요하다는 것이다. 교사의 잘못된 교육목적과 수업관, 학생에 대한 이해의 부족은 수업을 질을 떨어뜨릴 뿐만 아니라 수업의 본래 목표, 목적을 달성하기 힘들다. 교사와 평가자와의 충분한 대화의 기회를 평가의 과정에 삽입하여 교사의 교과와 교과목적에 대한 이해 정도, 학생에 대한 이해 정도, 수업목표에 따른 적절한 교수방법을 활용할 수 있는 능력의 정도 등을 파악할 수 있도록 해야 한다. 교사의 교과의 이해 정도와 신념, 가치, 학생에 대한 애정 등에 관한 사항은 수업을 이해하고 평가하는 데 기본적인 평가의 준거가 될 수 있기 때문이다.

넷째, 평가 기준의 재검토이다. 기존의 평가 준거가 투입－과정－산출 연구를 토대로 수업에 영향을 미치는 교사의 행동에 초점을 두고, 더불어 효과적인 수업에 대한 타당하고 신뢰성 높은 수업 변인들을 토대로 평가 준거를 주로 만들어내었다. 그 예로 내용제시의 명료성, 학생과의 래포 형성, 자료 활용의 다양화, 효과적인 진단과 처방, 학습한 내용범위(content covered), 학생의 아이디어를 격려하기, 학생에 대한 비판적 언급, 연습 기회의 부여, 학습 속도 및 간격 조절하기, 오답에 대한 교정적 피드백, 과제 부여 및 과제 수행 감독하기, 내용의 충분한 반복, 과업중심의 분위기 조성하기, 학습 행동 관리 및 통제, 열성적 태도, 수업중 활동의 다양화, 규칙적인 복습 및 정리, 수업내용의 구조화, 다양한 질문의 활용, 학생 질문에 대한 반응, 수업의 양 조절, 시간의 효율적 활용, 즉각적인 수업내용 및 관련 피드백, 공정한 평정 및 평가, 내용의 계열화, 학생에 대한 긍정적인 기대감, 학습 환경 조성 및 유지하기, 체계적인 강화 등을 들 수 있다. 또한 Borich(2000)는 효과적인 교수 행위를 수업의 명료성, 수업방법의 다양성, 순수 수업활동의 전념 정도, 학생의 참여 정도, 학생의 학습 성공 비율, 학생의 생각과 기여도를 이용, 구조화, 질문 유도, 탐구 및 탐색, 선행 조직자의 10가지 요인으로 설명하고 있다. Childs(1978)은 효과적인 수업의 구성요소로서 15개 수업 행동을 열거하고 있다. Anderson(1982)은 효과적인 수업의 8가지 측면을 적합한 학습과제 부여하기, 수업내용과 검사(평가)를 관련시키기, 계속성을 제공하기, 실수와 오해를 교정하기, 학습자 파악하기, 학습자 안내하기, 학습자 감독 및 통제하기, 학습에 몰두시키기로 밝히고 있다. 물론 이러한 교사의 수업행위들은 수업의 전문성을 구성하는 요소들이며 평가 준거로써 크게 문제가 되지 않는다. 그러나 이러한 준거를 통하여 교사의 수업행위를 판단하는 기준이 애매모호하고 생략되어 있거나 점수화되어 있다는 것이다. 평가의 기준이 매우 잘함, 잘함, 보통, 못함, 매우 못함의 리커드식 점수화 방식이 아닌 수업평가의 요소별, 또는 준거별로 장점과 단점을 기술하는 방식이나 대화를 통한 서로의 생각을 주고 받은 후 기술하는 방식으로의 전환이 필요하다. 수업평가는 교육과정의 질을 향상시키기 위한 목적을 지향하고자 하는 활동이므로 수업의 질, 교육과정의 질을 향상시키는 첫걸음은 교사의 질, 수업전문서의 향상이 전제가 되어야 한다. 단순히 점수를 입각한 줄세우기식의 방식은 교사의 질을 향상시키기보다는 보여주기 수업의 기술만 향상기키게 될 것이다.

# 부록

## 교육 단상 1

- 추광재 -

### 책과 나 1

난 책이 참 좋다. 책이 눈에서 마음으로 전달되는 그 순간이 참 좋다. 모든 글과 문장이 다 마음으로 들어오는 것은 아니지만 오히려 자주 들어오지 않음으로 해서 새로운 책에 대해 더 큰 설레임을 갖게 된다. 책이 마음으로 들어오는 날은 내 안에 또 다른 나를 갖게 되는 날이다. 또 다른 내가 이전의 나를 깨우침으로 인도하는 그 순간이 행복하다.

난 책이 참 좋다. 내가 안고 있는 갖은 상념들을 모두 잊게 해주어서 참 좋다. 무거운 생각의 짐을 다 던져버리게 하고, 갖가지 생각의 껍데기들을 벗겨내 주는…… 비유컨대, 옷과 짐을 던져버리고 깊은 산속의 온천에 몸을 오랫동안 담근 후 몰려오는 나른함과 시원함이 이러하지 않을까 싶다. 책을 읽은 후 몰려오는 행복감이 이와 다르지 않다. 가끔은 한참을 책과 씨름 후 밀려드는 피곤함과 목 뒤의 결림도 온천 후의 나른함으로 느껴진다.

난 책이 참 좋다. 그래서 가끔은 멀리한다. 내가 책을 좋아하는 것이 아니라 책이 날 좋아할 것 같아서 멀리한다. 누군가 좋아하게 되면 그 사람의 기준에, 생각에, 마음에 들도록 행동하게 되듯이 책에 내가 끌려 다니는게 아닐까하는 기분이 들 때면 여지없이 책 읽기를 그만둬 버린다. 책에 끌려 다니는 어리석음을 저지르기 싫기 때문이다. 그래도 난 책이 참 좋다.

## 책과 나 2

연구실을 정리했습니다.

흐트러진 안의 마음을 밖의 물건들처럼 차곡차곡 정리했으면 좋겠습니다. 이러한 흐트러짐은 다양한 학문적 생각이 내 안으로 들어오면서 시작되었고 이제는 무엇이 내 생각이고 무엇이 다른 이의 생각이었는지도 구별하지 못할 정도의 혼란 지경에 이르렀습니다.

다른 이들의 글 속에서 내가 얻은 건 단순한 글의 모양과 글의 표면적 내용뿐이었고, 다른 이들과의 학문적 교류와 대화 속에서 내가 얻은 것은 들여오는 소리에 대한 기억일 뿐 그 안에 담긴 의미를 제대로 이해하지 못한 듯합니다.

이러한 연유로 내 안에는 많은 글들과 소리들이 서로 부딪히고 충돌하여 마음을 어지럽게 하고 언제부터인가 내가 내는 소리는, 그리고 내가 쏟아내는 글들을 내 것이 아닌 다른 이들의 것들로 채워지는 듯합니다.

혹 나에게 학문적 양심이 조금이라도 존재한다면, 아주 보잘 것 없더라도 나만의 언어로 표현하고 싶습니다. 설령 그 언어 역시 다른 이들의 영향에 의해 이루어진 것이라 하더라도 나의 색, 나의 마음을 드러내 보일 수 있는 나의 언어로 말하고 싶습니다.

흐트러진 마음을 핑계로 정리한 연구실이 깨끗해 보입니다.

가끔은 밖이 안을 움직입니다.

## 무지 1

*이 세상에서 우리의 입장은, 학자가 자신의 학문에 대해 얘기하고 있는 방에 들어간 어린아이와 같다. 어린아이는 그 얘기의 시작을 듣지 못했고 또 얘기가 끝날 때까지 기다리지 못하고 나간다. 어린아이는 무엇인가 듣기는 듣지만 들은 것을 이해하지 못한다.*

*신의 위대한 말은 우리가 공부를 시작한 것보다 몇십 세기 전에 시작되었고, 우리가 죽은 뒤에도 여전히 계속될 것이다. 결국, 우리는 신의 말을 극히 일부만 들을 뿐이며, 게다가 자기가 들은 것의 대부분을 이해하지 못한다. 그러나 비록 조금이지만, 또 지극히 막연하지만, 어쨌든 우리는 무엇이 위대한 것이고 무엇이 존엄한 것이지 이해할 수 있다.*

— 톨스토이—

내가 공부하고 있는 많은 내용들 역시 전체 속의 한부분이며 결국 내가 이해하고 알고 있는 것들은 얼마나 하찮은 것들인가?

무엇을 위한, 어떠한 학문이어야 하는지에 대한 끊임없는 고민과 고뇌만이 나의 보잘 것 없는 지식이 그 전체 속에 포함될 수 있게 하는 열쇠가 아닐까 싶다.

# 나는 누구인가

나는 누구인가?라는 질문에 많은 학생들이 과거와 현재의 자신을 객관적으로 표현하거나 '나는 나다'라는 논리, 또는 내가 세상의 중심이라는 논리로서 자신을 표현하고 있음을 볼 수 있었다.

이 과제를 주었던 나의 속뜻은 나의 정체성, 나의 내면의 모습을 찾고자 하는 일련의 사고과정을 통하여 자신의 소중함과 더불어 올바른 가치관의 형성, 그리고 현실의 나를 통찰함으로써 미래의 나를 가꾸어 나갈 수 있는 발판을 마련해 주기 위함이었다.

허나 한 가지 아쉬운 점은 학생들 대부분이 자기중심적 사고에서 아직 벗어나고 있지 못한 모습들이 보인다는 것이다. 나는 나일뿐만 아니라 '나는 너다', '나는 우리다'라는 관점에서 보지 못한다는 것이다.

나를 벗어난 나를 너로서, 전혀 다른 객체로서 볼 수 있는 생각의 변환, 사고의 변환이 아쉬웠다. 이는 나에 대한 새로운 조명일 뿐만 아니라 타인과 내가 서로 다른 객체가 아닌 동질의 환경과 문화 속에 살고 있는 공동체임을 인식케 하며, 서로에 대한 존중감을 위한 첫 걸음이기 때문이다.

나는 세상의 중심임과 동시에 너도 세상의 중심이며, 우리 모두가 세상의 중심이다. 따라서 나는 너일 수도, 너는 나일 수도, 그리고 나와 너는 우리다.

*"나는 너로 인해 나가 된다. 나가 되면서 나는 너라고 말한다."*

– 마르틴 부버의 '나와 너' 중에서 –

## 좋은 사람 나쁜 사람

우리는 흔히 사람의 성격이나 인성을 가지고 그 사람의 좋고 나쁨을 이야기하는 경우가 허다하다. 그 사람은 착한사람이고, 저 사람은 나쁜 사람이고, 어떤 이는 현명하고, 또 다른이는 어리석은 사람이고, 열성적인 사람, 냉철한 사람 등등…….

그러나 인간은 그런 것이 아니다. 내가 나쁘다고 생각했던 사람이 어떤 사람에게는 한없이 좋은 사람일 때가 더 많으며, 냉정할 때보다 정열적일 때가 더 많을 때가 있다. 또 다른 이는 그를 두고 언제나 선량하고 현명하다고 느낄 때, 내게는 어리석고 사악한 사람이라면 누구의 말이 옳고 누가 틀린 것인가? 단지 이러한 차이를 사람의 주관적 기준으로 치부하고 그냥 다르게 느낄 수도 있다라고 말할 수 있을까?

우리는 언제나 이처럼 사람들을 구별하려 하고 있다. 그리고 내가 느끼기에 좋고 착한 사람만을 곁에 두고 싶어 한다. 그러나 대부분의 경우 상대방에게 상당한 호감을 가졌더라도 그 관계가 결코 오래가지 못한다.

인간의 마음은 흐르는 물과 같아 어제와 오늘이 다르고 내일이 또 다르다. "같은 강물을 절대 건널 수 없다"라는 어느 철학자의 말처럼 항상 변하는 게 인간의 마음이다. 이렇듯 시시각각 변하는 인간의 내면을 단지 한 순간의 모습으로 어떻게 그 사람을 판단할 수 있겠는가?

## 비난 받아들이기

나를 논의의 밖에 세워두고, 모든 것을 다 알고 있다는 듯한 말투와 표정으로, 자기 자신을 누구보다 올바르다고 생각하는 것은 위험한 발상이다.

교육을 이야기하면서, 교육자를 이야기하면서, 난 다른 이들이 저지르는 잘못을 저지르지 않으며, 다른 이들이 생각하지 못한 것을 생각하고, 다른 이들의 사고방식과는 다른 더 뛰어난 사고능력을 가지고 있다고 생각한다. 의식적이지 않았더라도, 이야기 과정 속에 빠져들면서 난 점차 그렇게 변해간다. 나도 교육자이며, 내가 잘못되었다고 이야기하는 사회의 한 구성원임을 잊는다. 자주……

*사람을 만날 때, 그들로부터 인정과 칭찬이 아니라, 자신을 단련하고 자신의 오만함을 없애기 위해, 오히려 매도와 굴욕과 억울한 모함을 기대하는 습관을 가져라.*

– 톨스토이 –

## 과대포장

'보기 좋은 떡이 먹기도 좋다', '없어 보이면 남이 무시한다' 등등 겉치레의 중요성(?)을 강조하는 말들을 찾기란 어렵지 않다.

요즘 백화점이나 전문 브랜드 매장을 둘러보면 상품 자체의 질이나 기능보다는 포장의 화려함에 더 눈길이 간다. 어느 설문조사에서 구매 충동을 느끼는 이유 중에 제품의 겉모습만 보고 구매하는 비율이 70% 이상이 된다고 하니 그 위력이 가히 놀랍다.

어디 인간의 손으로 만들어진 물건만 그럴까? 인간 스스로 자신을 포장하는 능력의 놀라움이란…… 아무리 자기 PR시대라고 하지만 그 정도가 넘어서면 과대포장, 아니 위선의 경지에 이르른다.

속이야 어떻든 그저 겉만 번지르르하고 위선의 탈을 쓰고 보이는 곳과 보이지 않는 곳의 행태가 서로 달라지는 이중인격자들이 판을 치는 모습을 각종 매체를 통해 쉽게 볼 수 있다.

그러나 그런 모습으로 살지 않아야 할 사람과 장소가 있다. 바로 교사와 학교이다.

때 묻지 않은 순수의 결정체를 가르치는 교사야말로 이러한 과대포장의 세상에서 주변인으로 머물러 있어야 할 대상이며, 그러한 교사들과 학생들이 모인 학교 역시 위선의 탈을 벗어던져 버린 원래 그 모습 그대로의 공간이어야 한다.

학교란 구조는 인간들이 추구해야 하는 각종 신성한 단어와 요소들의 집합체다. 굳이 학교의 목적이나 교육의 목적을 장황하게 늘어놓지 않더라도 아직 학교하면 현실과는 약간 동떨어진 느낌과 함께 참된 이상을 추구하고 진리 탐구의 장이란 선입관을 갖고 있다. 이러한 선입관이 선입관이 아닌 현실로 나타나 주길… 오늘 스승의 날 진심으로 기원한다.

## 인연

우연히 만난 인연이어도 그 끈은 질기고 질겨 몇백 만분의 일의 확률, 아니 사천 만분의 일의 확률에서도 만나지는 경우가 허다하다.

한때 소중하다고 여겨졌던 인연들이 서로의 시간 속에 묶여, 어쩌면 기억의 희미함을 핑계로, 그렇게 아무것도 아니었던 사람인 마냥 잊혀져간다.

그게 삶인가 싶다가도 그저 다른 상념과 다른 특별한 날 찍어둔 한 통의 사진처럼 기억 저편의 인연들이 머리 속에서 현상되어 지나가면, 그리운 얼굴과 이름이 떠오르고, 그때서야 그 얼굴과 이름이 내 삶의 아주 작은 일부를 장식하고 있음을 기억한다.

한때 단 하루였든, 한 달이었든 내게 없어서는 안 될 중요했던 이들이 이제는 아무렇지 않은 사람으로 버려지는 안타까운 날들이 지나간다.

이렇게 간다. 세월이 잊게 하는 것이 아니라 우리가 잊는다. 세월이 가는 것이 아니라 우리가 간다. 소중한 것들 버리면서 줍지도 못하면서 앞만 보고 그렇게 간다.

## 권력에 따르는 몇 가지 의무 조항

사람들은 조금의 지위와 그 지위에 어울릴만한 힘을 쥐어주면 그것을 휘둘러보고 싶어 어쩔 줄 모른다.

어쩌면 인간 본성의 한 단면이 아닐까 생각도 해보지만 만약 어쩔 수 없는 누구나 그런 모습을 보일 수밖에 없다고 치부해버리면, 다른 인간의 본성들도 그럴 수 없는 것으로 인정하고 감싸 안아야 하는 것일까?

아주 하찮은 힘이라도 그 힘이 정당화되려면 옳고 그름의 판단과 양심에 의한 것이어야 하며, 타인에 대한 존중과 배려가 그 힘의 이면에 자리 잡고 있어야 하지 않을까?

큰 힘과 권력은 사회에 고통을 주지만 작은 힘과 권력은 개인에게 고통을 줄 수 있음을 잊지 말아야 할 것이다. 힘과 권력과 지위는 그에 따른 의무가 더 큰 무게로 다가오는 이에게 주어짐이 바람직하지 않을까 싶다.

본성에 충실한 몇몇의 사람들은 오늘도 자신에게 주어진 아주 미약한 작은 힘을 정신없이 휘두른다.

## 새 학기를 맞이하며

이곳에 자주 들어와 남긴 글들을 읽으면서 추억과 기억의 다름을 인지하곤 합니다.

잊고 있다가도 즐겨찾기에 자리잡고 있는 홈페이지를 보곤 이제는 습관적으로 들렀다 갑니다. 한 번쯤은 그리워서 찾아오길 바라면서 말입니다.

새 학기입니다. 오늘도 지난 학기와 똑같은 생활이 이어지고 새롭다기보다는 반복되는 일상으로 되돌아오는 듯합니다. 그래도 강의 듣는 학생들의 모습이 다르고 우선 제가 달라졌습니다. 같을 수 없는 하루를 어제처럼 보내긴 싫습니다. 이번 학기는 후회 없길 바라며 오늘 발걸음을 움직였습니다.

주로 책상이 생활무대인 덕에 나온 배가 더욱 나오고 머리에 흰머리는 더욱 기승을 부립니다. 오늘 교육학개론 강의는 간단히 오리엔테이션만하고 학생들의 환호(?)를 뒤로하고 얼른 이곳 연구실로 부리나케 돌아섰습니다. 학생들의 초롱초롱한 눈망울은 초등학생이나 대학생이나 별반 다를 바 없습니다. 새로운 학기, 새로운 과목, 새로운 교수에 대한 기대와 호기심이 만들어낸 관심은 아직도 부담스럽습니다. 갈수록 무지해지는 나의 지적 무기력감과 갈수록 더 큰 무게로 다가오는 새로운 이론과 학문적 내용들이 이러한 부담을 자아냅니다.

## 겨울 준비

가을이 다 지나갑니다. 계절과 제 마음은 아마 따로 존재하는 듯 합니다. 높아진 하늘도, 막 색을 바꿔입으려하는 단풍들도 내가 있는 이곳에서는 아무런 감흥도 주지 못합니다. 계절을 잊고 사는 것이 아니라 계절이 내 맘에 들어올 여유가 없는 탓입니다.

겨울이 다가옵니다. 차가운 바람이 내 안을 가득 메우고 얼음처럼 차가워지는 심장의 기운이 내뿜는 입김에 고스란히 담겨 가을의 하늘을 뒤덮습니다.

연구실의 창을 열고 내 머리에 가득한 학문적 고민을 쏟아내려 합니다. 과거 내 삶을 흔들어 놓았던 많은 인연들도 함께 쏟아내려 합니다. 쏟아내려는 학문적 고민은 해결을 위한 새로운 내용을 담기 위함이지만 함께 쏟아내려는 인연의 끈들은 새로운 인연을 담기 위함이 아니라 스스로를 정화하기 위함입니다. 아마 내 마음에 다가오는 겨울을 보내기 위해 마음의 낙엽을 떨어뜨리기 위함인듯 합니다.

오늘은 겨울을 준비하는 나를 위한 시간입니다.

## 1년의 끝자락에서

11월이 다 지나갑니다. 아니 1년이 다 지나갑니다.

늘 그렇듯이 시간의 끄트머리를 붙잡고서야 지나간 시간들을 뒤돌아보는 여유를 갖게 됩니다. 오늘이 그러합니다.

앞만 보고 달렸습니다. 남보다 앞서 달리기도 뒤쳐져 달리기도 했습니다. 넘어지기도 했고 그래서 아파하기도 했습니다. 힘든 과정 속에 함께 호흡하고 서로를 격려해주던 이들도 있었고, 경쟁하고 다투기도 했던 이들도 있었습니다. 뒤돌아보면 모든 게 아쉽습니다. 하지만 뒤돌아볼 것이라도 있어서 다행이라는 생각이 먼저 듭니다. 출발조차 안했더라면 뒤돌아 볼 것도 없었을 테니까 말입니다.

첫발을 내딛는 용기, 아직 저에겐 이러한 용기가 부족합니다. 한해의 끄트머리를 잡고 넋두리를 하기보다 지나온 1년의 첫발에 스스로에게 박수를 보내며 다음해 더 큰 걸음으로 나아갈 용기를 추스르려 보자고 다짐해 봅니다.

# 꿈

누구나 어릴 적 이 다음에 무엇이 되겠다는 꿈을 갖습니다. 그 꿈의 대부분은 구체적으로 장래 직업과 관련된 꿈이거나, 엄마 아빠가 되겠다는 철없는 꿈이거나, 막연히 현재의 상황보다 더 나은 상황을 지향하는 꿈들입니다. 그래도 그 꿈의 이면에는 동심과 세상을 아름답게 바라보는 시선과 순수가 숨을 쉽니다. 그래서 아이들의 꿈은 언제나 행복합니다.

그러나 점차 나이가 들어감에 따라 꿈은 그 순수성을 잃어버리고 꿈이 더 이상 꿈이 아닌 무엇인가를 얻기 위한 이기적 목표로 변질되어 가곤 합니다. 혹자는 꿈과 이기적 목표 사이에 어떠한 간극이 있는지 되묻곤 합니다. 꿈도 어느 정도 이기적 목표를 담고 있기 때문이라는 겁니다. 하지만 나는 생각이 다릅니다. 꿈이란 현실에서 조금은 벗어난 듯한 순수성과 미래에 대한 긍정적 시각을 전제로 하고 있다고 난 믿고 있습니다. 그래서 꿈을 꿀 때는 언제나 행복합니다.

많은 이들이 꿈을 잃어갑니다. 이는 세상이 그들을 그렇게 만든 것이 아니라 그들이 꿈을 등지고 산 까닭입니다.

## 교사 전문성과 자기 성찰

답답한 일이 한두 가지가 아니다.

내 좁은 소견일지도 모를 일이나 현재 행해지고 있는 교육의 현실이 안타까울 뿐만 아니라 언제까지 관료적, 권위적, 형식적인 교육행정 행태들이 계속될 것인지 궁금하기만 하다.

교사들은 자기 스스로가 교육전문가로 인정받기를 원한다.

그것이 직업에 대한 자긍심에서 비롯된 것인지 직업의 성격상 그렇다는 것인지, 아니면 스스로 그렇게 불려지기를 원하는 것인지는 모르겠으나 그런 전문직으로서의 자격을 갖출 만큼 전문적인 이론과 기술로 채워져 있는지, 아니면 그런 노력을 조금이라도 기울이고 있는지…… 아주 소수의 일부 교사들에게 묻고 싶다.

교사로서의 자질을 향상시키기 위하여(이는 곧 교육의 질과도 직결된다) 노력하고, 자신의 부족함을 안타까워하며 고민해 본적이 있는지…, 각종 연수나 연구들을 승진 점수를 얻기 위한 수단으로 이용하고 있지는 않는지 반성해 볼 일이다.

요즘은 피아노학원, 미술학원 또는 기타 과외 교사나 강사들이 학생들의 부족한 교과 과목을 보충하거나 아예 학교 교육과정에 맞추어 학생들을 지도한다. 의사의 일을 누군가 대신할 수 없고, 변호사의 변론은 아무나 할 수 없는데 왜 교사의 일은 누군가 대신할 수 있는지…

당연히 그럴 수 없다고 말하고 싶다. "교사가 하는 수업은 가르치는 일에 전문적 지식이 없는 사람이 가르치는 것과는 분명히 다르다고…"

하지만 무엇이 다른가? 가르친다고 하는 행위에 교사들은 어떠한 전문적 지식이나 기술을 가지고 수업을 한다고 말할 수 있는가? 그 전문적 지식이나 이론이라는 것의 성격은 무엇이고 실체는 무엇인지 설명할 수 있는가?

이러한 문제의식을 통해서 진정한 교육자로서의 삶을 되돌아보고 끊임없는 자기 성찰과 자기 발전을 위해 부단히 노력할 때 교사는 비로소 진정한 교육전문가로 거듭날 것이다.

일부 교사들의 안일한 현실에의 안주와 직업의 안정감으로 인해 파생되는 나태함(여기서의 나태함이란 전문가로서 자질 함양에 대한 상대적 나태함을 의미한다), 보이지 않게 나타나는 학생들에 대한 권위적 성향 그리고 윗사람에 대한 공경이라는 허울 아래 정당화되는 비겁함이나 권력에의 나약함보다 더 한심스러운 것은 소수의 관료적 행정가들이다.

그들이 내놓는 각종 제도적 제안들은 그들의 행정적 편의주의와 상부기관에 잘 보이기 위한 행위들과 맞물려 정말 어처구니없는 교육제안들을 쏟아 붓는다. 또한 이러한 행정가들에게 교사는 평가받아야 할 대상이며 늘 자신들의 계속된 관찰(?)과 지도(?)를 받아야 할 아랫사람들이다. 오히려 묻고 싶다. 교사를 어떤 객관적인 준거로 어떠한 타당성과 신뢰성 있는 검사도구나 잣대를 이용해서 평가할 수 있는지… 교사의 완성도 높은 수업을 지원하기 위하여 어떤 노력들을 기울였는지…

이렇게 제기된 비판들이 곧 그들을 정당화하려는 주장들로 인해 재비판을 받더라도, 보다 구체적인 사안들을 제시하지 않는다는 이유(사실 구체적인 내용을 모두 보다 논리적으로 내면적 타당성을 추론해 보고 싶지만 지면상의 문제뿐만 아니라 그 사안을 제안한 이에게 직간접으로 피해가 갈 것 같은 우려로 인해 그러지 못함을 아쉽게 생각한다)로 그 정당성을 인정받지 못할지라도 이 글이 조금이라도 교육과 관련을 가진 분들이 자신의 현 위치에서 한번쯤 자신을 되돌아 볼 수 있는 계기가 되었다면 그것으로 만족한다.

# 분필가루 찬양

교실의 벽면 전체에서 가장 큰 자리를 잡고 있는 것이 칠판이다. 교실의 책상과 의자가 새로운 형태의 디자인으로 바뀌고, 창문이 바뀌고, 각종 기자재가 최첨단을 달리고 있는 교실의 총체적 변화 속에서 꿋꿋이 제 모습을 지키고 있는 짙푸른색의 칠판은 아직까지 그 위풍이 당당하다. 그러나 칠판의 이러한 위세는 분필 없이는 아무도 눈길을 주지 않는, 다른 주변 교실물품과 별로 다를 바 없는 물건에 지나지 않는다.

칠판이 의미를 갖는 것은 분필의 움직임에서 비롯되며, 아이들의 맑은 눈망울이 칠판을 뚫어지게 바라보게 하기 위해서는 분필의 제 몸을 불사르는 희생이 반드시 필요하다. 분필의 현란한 움직임에 따라 도화지도 되었다가 오선지도 되고, 공책이 되기도 한다. 로봇이 나타나고, 풍경이 스쳐지나가기도 하고, 열매가 달리기도 하고, 옛날이야기가 담겨지기도 하고 가끔 시험 문제가 되기도 한다. 그럴 때마다 분필의 생명은 점점 짧아져가고 분필의 영혼들은 가루가 되어 교실 구석구석에 날아다니기도 하고, 일부는 칠판의 밑받침에 고이 잠들기도 한다.

분필의 이러한 희생에도 불구하고 가여운 그의 영혼들은 천덕꾸러기 취급을 받는다. 그나마 행복했던 시절은 칠판 지우개에 의해 그의 눈부셨던 활약상들과 함께 사라져 버리고 단지 그에 대한 단편적인 기억만이 남을 뿐 그것도 오래지 않아 금방 잊혀지곤 한다. 단지 칠판만이 교실의 정면에 여전히 위풍당당한 모습으로 서있을 뿐…

교사의 삶이 그러하다. 교육의 결과로서 주어지는 사회적 이득에 눈먼 소수에 의해 많은 교사들의 열정과 희생은 분필가루와 함께 그렇게 사라져 간다. 아무도 기억해주지 않는 곳으로…

# 부록

## 교육 단상 2

- 최민지 -

### [ Delivery ]

무더위가 한창인 여름이다. 이렇게 더울 수가 있을까 생각하면서 나는 다시 연구실로 향했다. 딱 3년 전 이맘때이다. 필자는 당시 런던의 한 대학에서 연구를 할 기회를 얻었다. 당시 런던의 날씨는 관측 이래 최고를 기록하는 등 고온현상으로 세익스피어의 '한 여름 밤의 꿈' 같이 몽환적이고 낭만적일 것 같은 런던에 대한 기대가 처참히 무너져버렸다. 이러한 조각나버린 기대를 뒤로하고 무더위에 논문을 쓰던 기억이 있다. 그러는 와중 내가 공부하고 있는 이 이론을 누군가에게 설명하고 싶다는 생각이 불현듯 들었다. 평소에 필자는 배움과 가르침의 패러다임은 결국 동일하다고 여겼다.

무작정 찾아간 학교 앞 광장에는 평소에 나와 알고 지내던 대학원생이 있었다. 나는 내가 연구한 이 이론이 나만 아는 듯 그 친구에게 들떠서 설명을 하였다. 그러던 와중 문득 이 학생이 과연 이 이론에 대해 조금이라도 이해를 하고 있는지, 혹은 흥미로워 하는 것  인지에 대해 의구심이 들었다. 내가 여기서 중요하게 생각한 것은 교육의 전달과정 소위 '딜리버리(delivery)'라는 전달 과정이었다. 아무리 흥미롭고 좋은 소재라 하더라고 무엇보다 중요한 것은 전달 과정이라는 생각이 들었다. 내가 학자의 길을 걷고자 결심한 후부터 나는 교육 이전에 학문에만 몰두해 왔던 것 같다. 내가 지금 교육에 몸담으면서도 조금 더 깊이 생각 하게 된 것은 교육에 대한 '딜리버리'였다.

교육과정이라는 것은 학생과 교사의 입장에서 서로 상호소통하는 수단일 수 있다. 아무리 뛰어난 교육과정이라 할지라도 모든 학생에게 도움이 되는 것은 않는다. 결국 교육과정이란, 학문 受與(수여)자와 授與(수여)자 양자 간의 커뮤니케이션이다. 중요한 것은 학문에 대한 전달자의 역할이고 습득하는 것에 도움을 주는 사람이 되어야 한다는 것이다. 교사의 고유한 사명은 지식과 진리의 올바른 전달자가 되는 것이다. 그렇게 된다면 '내 학습을 방해하는 오직 단 하나는 내가 받은 교육들'이라고 말한 아인슈타인의 교육에 대한 사고처럼 교육의 단면적 기능만 바라보는 시각을 조금이라고 바꿀 수 있지는 않을까?

이 책을 보는 이 순간만이라도 교사는 학교나 학생을 위해서가 아닌 교사 인생의 '樂'을 위해 배우는 시간을 가졌으면 하는 바람이다. 무엇을 해야할지 알 수 없을 그때 진정한 무언가를 할 수 있고, 어느 길로 가야할지 도무지 알 수 없을 때가 비로소 진정한 여행의 시작인 것처럼, 교육이라는 학문적, 실천적 여정의 첫발을 내딛는 많은 독자들에게 본서가 조금이라도 나침반의 역할을 했으면 하는 바램이다.

## 외국어로 말하기

'제 2언어 습득(SLA, Second Language Acquisition)'이라는 강의를 청강하는 학생들의 국적은 참으로 다양하다. 한국인, 중국인, 일본인, 싱가폴, 인도 등의 아시아인 뿐 아니라 다른 유럽대륙에서 온 독일, 프랑스, 스위스, 폴란드, 우크라이나, 조지아, 터키에서 온 학생들도 있다. 그들은 영국 학생들과 섞여 수업을 듣는다. 다문화가 익숙한 런던의 한 대학에서 진행되는 수업시간의 모습이다. 이들은 수업시간에 발표도 토론도 참 적극적이다. 한국인은 한국식 영어로, 중국인은 중국식 영어로, 또 프랑스인은 프랑스식 영어로 토론하고 발표한다. 교수의 질문에 홍콩에서 온 한 학생이 대답을 하겠다고 손을 번쩍 든다. 그 학생의 영어 발음은 홍콩에서 쓰이는 월방언(粵语)의 뉘앙스를 풍겼지만 분명히 그 학생이 구사하는 언어는 영어이다. 그 학생이 대답하는 동안 모두 그 학생을 향해 경청하고 교사는 그 대답을 끝까지 기다렸다가 답변에 대한 피드백을 준다. 그 학생이 구사하는 영어 중 어떤 발음이 어색하거나 혹은 발표 중에 문법이 틀렸다 해도 비웃거나 지적하는 학생은 단 한명도 없고, 문법이나 발음이 조금 틀렸다 해서 부끄러워하는 학생 한명 없다. 학생들은 당당하게 자신만의 영어를 구사하고, 또 듣는 이 역시 그것을 자연스럽게 받아들인다. 이처럼 원어민과 같은 영어가 아니더라도 또 다른 방식의 영어를 포용하는 수업 환경이 참 부럽다.

우리의 학교는 어떠한가. 과거 학교 영어 수업시간이 되면 단어, 숙어, 문법을 외우기 바쁘고, 훗날 성인이 되어 큰마음을 먹고 회화학원을 등록하여 말 한마디 하려하면 문법이 완벽한지 머릿속으로 한번 떠올려 보고 말하느라 타이밍을 놓치기 십상이다. 오늘날 대학교에서도 외국어 수업의 분위기는 별반 다를 바가 없다. 수업시간에 학생들에게 중국어 본문 읽기라도 시키면(먼저 나서서 하는 학생이 없기에) 평소의 목소리와 지극히 비교되는 작은 목소리로 읽는 학생들이 있다. 필자도 중국어를 처음 배울 때가 있었으니 충분히 이해되는 부분이다. 아마 이 학생은 지금 본문을 읽으면서 많은 생각을 할 것이다. 중국어에는 한국어와 달리 띄어쓰기가 없기 때문에 어휘들이 이미 습득이 된 상태여야만 읽기를 할 때 음절을 적절히 나누어 중간에 나름의 쉼(pause)을 할 수 있다. 성조에 따라 그 한자의 의미가 달라지니 성조는 맞게 읽고 있는지, 띄어 읽는 것은 적절했는지, 발음은 맞는 것인지 등 여러 생각을 하며 읽을 것이다.

우리의 교실에서도 학생들이 두려움 없이 외국어를 배우고 말하는 활기찬 수업시간을 갖게 되길 꿈꿔본다. 이를 위해서 선결되어야 할 과제는 교사가 학습자 중심의 교육에 초점이 맞추어 져야 한다는 것이다. 학생들이 자유로운 분위기 속에서 자발적으로 혹은 타의에 의해 얼어붙은 채로 외국어를 습득하게 되는지는 수업 분위기를 만드는 교사의 역할이 가장 클 것이다. 이러한 수업 분위기에 따른 학생들의 학업 성취도 역시 천지차이이다. 교사들은 끊임없이 연구하고 더 나은 외국어 교수법을 통해 학생들에게 가르침을 주어야 한다. 그것이 학생들이 더 나은 수업 환경에서 높은 학업 성취도를 느낄 수 있는 밑거름이 될 것이다.

## 요즘 SNS 안하는 사람이 있나요?

'요즘 SNS 안하는 사람이 있나요?'라는 말을 많이 듣는다.

이미 우리 사회에서 불가결한 존재가 된지 오래다. 비록 필자는 대단한 SNS 사용자는 아니지만 사실 SNS의 도움을 많이 받았다. 인터넷 창에 요리 이름을 넣고 클릭 한번이면 모든 정보가 나오기 때문에 결혼 후 요리를 본격적으로 시작하였을 때 SNS가 큰 도움이 되었다. 요리 블로거들의 경험과 노하우 그리고 그들이 상세히 적어놓은 레시피와 업로드 한 사진들은 이해를 돕기에 충분하였다. 덕분에 필자는 요리 초보 시절을 무사히 지나갈 수 있었다.

시간이 흘러 요리하는 것에 익숙해졌는지 언제부터인가 요리 블로거들의 요리를 보다보니 레시피 보다는 그들의 음식재료, 식기 그리고 요리도구들도 눈에 들어왔다. 사진 속 한상차림은 그릇도 식기도 플래이팅까지 나무랄 곳이 없다. 꼭 고급 레스토랑의 모습과도 같았다. 댓글을 보니 나만 그런 것 같지는 않았다. '저 그릇 프랑스 ×××× 그릇이에요. 나도 너무 갖고 싶은 거였는데…', '정말 너무 고급스럽네요', '아까워서 못 먹을 정도에요' 등등 음식을 만든 후 매일 매일 찍은 사진을 인터넷 상에서 공유하며(소위 '업로드 하며'), 이런저런 애기들을 나누는 익명(anonymous)의 삶을 누리는 여유를 엿볼 수 있었다. 물론 그 자체도 의미 있는 일이고 자기만족의 시대에 그 누구도 뭐라 할 사람은 없다. 다만, 이러한 풍요의 시대(마치 지금은 1950년 미국의 아이젠하워 시대와 흡사하다)에 공부하는 사람으로서, 한 저명한 노학자의 서릿발 같이 엄격한 한마디가 생각이 난다.

그 노학자는 늘 생활에서 검소했었고, 한 인간으로서 소박한 삶을 영위하다 백년에 못 미친 99세에 삶을 마감하셨다. 그가 남긴 말을 직역하면 '모름지기 생활의 족함을 알아야하며, 마땅히 학술의 부족함을 알아야 한다(生活上应该知足, 学术上须不知足)'이다. 다시 말해 '생활에는 만족, 공부에 있어서는 부족함을 알아야 함'으로 정리할 수 있을 것이다. 나는 그 당시 그 말을 크게 귀담아 듣지는 않았지만, 세월이 지난 요즘 그 말 한뜻 한뜻을 곱씹어본다.

우리는 삶속에서 많은 물질적 혜택을 받고, 또 그 물질을 얻기 위해 열심히 일하고 노력한다. 그렇다면 우리는 언제 생활의 풍족함을 느낄 수 있는 것일까. 생활의 풍족함을 누린 만큼 학업의 풍족함을 누릴 때는 아직 도래하지 않은 것일까. 그동안 외적인 것에 충분히 시간과 노력을 할애했다면 이제 외적인 것에 비중을 두기보다 내적인 것을 채우는 것에 힘을 쏟아야 하지 않을까. 그래야만 균형적인 삶이 되지 않을까. 내 생활의 환경은 이미 이것으로 족하다. 하지만 내 학업은 늘 부족하다. 학자라면 누구나 가슴속에 새기게 되는 글귀일 것이다. 가장 밝은 별은 아직 발견되지 않은 별, 가장 아름다운 음악은 아직 쓰여 지지 않은 곡이듯, 가장 위대한 학업은 여전히 공부가 진행되고 있는 우리들의 학업이 아닐까?

## 원어민처럼…

학생들은 이왕 새로운 언어를 배우기 시작했으니 목표는 원어민처럼 하는 것이라고 아무렇지 않게 말을 한다. 목표설정을 하는 것은 배움에 있어 아주 좋은 원동력이 될 것이다. 하지만 나름의 노력을 해도 원어민처럼 되지 않았다고 느꼈을 때, 스스로의 능력을 자책하고 그 해당언어에 대한 흥미를 잃어버리기도 한다. 그렇기 때문에 필자는 강의시간에 '우리는 모국어로써의 중국어를 배우는 것이 아니라 외국어로써의 중국어를 배우는 것이다. 그러니 틀려도 부끄러운 것이 아니다. 원어민처럼 되지 않더라도 충분히 잘하고 있는 것이다.'라는 말을 자주 한다. 끊임없는 노력 끝에 원어민처럼 그 언어를 사용 하게 되면 더할 나위 없이 좋겠지만 꼭 그렇게 되지 않더라고 언어 습득에 실패한 것은 아니라는 점을 말해 주고 싶었다. 처음부터 큰 부담을 갖고 언어를 습득하기 시작하면 물론 좋은 결과를 이끌어 내는 경우도 있기는 하지만 보통 완벽하게 습득하려는 욕심으로 인해 초반 진도가 더디고, 학습자가 생각한 만큼 능률이 오르지 않으면 결국 배우고자 하는 마음 역시 서서히 사라진다. '원어민처럼!'이라고 목표를 설정하기 이전에 '원어민처럼 그 해당언어를 사용하는 것'이 무엇인지 아는 것부터가 먼저이지 않을까.

학생들은 '중국어를 원어민처럼 말하고 싶어요!'라고 이야기 하는데, 과연 '원어민처럼'이라는 말은 무엇을 뜻할까. 중국에는 한족과 한족을 제외한 55개의 소수민족이 함께 살고 있다. 필자는 중국 체류시절 소수민족이 중국의 공식 표준어인 보통화를 구사했을 경우 발음의 어색함을 느낀 적이 더러 있다. 소수민족마다 갖고 있는 그들의 모국어가 보통화에 영향을 주기 때문이다. 또한 중국어의 재미난 점은 중국어를 들으면 말하고 있는 중국인이 어디 지역 출신인지 가늠할 수 있다는 것이다. 지역마다 방언의 특색이 뚜렷하기 때문에 방언의 영향을 받은 보통화를 구사하는 경우가 많으니 듣는 사람으로 하여금 이 사람이 어디 지역 출신인지 유추가 가능해 지는 것이다. 이처럼 중국에는 이미 다양한 중국어를 구사하는 원어민이 존재하고 있다. 그렇다면 진정한 표준 중국어는 무엇일까? 중국 보통화의 정의를 보면, '북경음을 표준음으로 하고, 북방방언을 기초 방언으로 하며, 모범적인 현대백화문을 현대표준한어(漢語)의 문법으로 삼는 언어이다' 정도로 볼 수 있을 것이다. 여기에서 '북경음을 표준음으로'라는 부분이 학계에서 이슈가 되었던 적이 있다. 그 이유는 현재 북경어는 어휘나 문장 끝에 따라오는 얼화운(兒化韻)[1]이 과도하게 사용되기 때문에 표준어라 보기에 부적합하다는 것이다. 또한, 중국어에는 제1성부터 제4성까지 4개의 성조가 있는데, 음절마다 성조를 하나씩 갖고 있는 경우도 있고 여럿 갖고 있는 경우도 있다. 1이 가장 낮은 음이고 5가 가장 높은 음이라고 했을 때, 2에서 1로 떨어졌다가 바로 4까지 올리는 것을 제3성이라고 한다. 하지만 실상 중국 현지에서 중국인들이 제3성을 정확히 4까지 발음하지 않고 2에서 1까지만 발음하는 경우(반3성)를 흔히 볼 수 있다. 그 이유는 제3성 뒤에 오는 음절의 성조가 제1성, 제2성, 제4성 혹은 경성(轻声)일 때, 제3성은 반3성으로 성조 변화를 한다. 제3성 뒤에 제3성의 음절이 이어질 경우는 앞의 제3성이 제2성으로 변화한다.

처음 중국어를 배우는 학생들은 이러한 성조변화 규칙을 달달 외운다. 하지만 이러한 성조변화 규칙이 처음 중국어가 생성되었을 때부터

1 간단히 말하자면, 모음과도 같은 운모 뒤에 접미사 얼(兒)이 오면서 兒이 앞 음절과 결합하여 하나의 음절이 되는 현상이다. 예를 들면, 兒[ér]이 단독으로 발음되기보다 画[huà]+兒[ér]의 결합으로 인해 [huàr]로 음의 변화가 나타난다.

존재했었던 것일까? 어이지는 음절들의 성조를 편하게 발음하려다 보니 성조가 변화된 채로 사용이 되었고 시간이 흘러 그 변화가 고착화되고, 지금 우리는 그것을 성조변화 규칙으로 암기하고 있는 것은 아닐까?

이처럼 언어는 경제성을 기반으로 하는 사회적 도구이다. 그렇기 때문에 언어는 사용자에 따라, 사회변화에 따라 예민하게 반응하며 함께 변화한다. 따라서 중국어를 포함한 모든 언어는 지금도 변화하는 중이다. 즉, 과거에 상용되었던 언어규칙이 지금은 쓰이지 않기도 하고 또 그 반대인 경우도 있다는 것이다.

몇 년 전, 영국에서 줄임말이 큰 이슈가 됐었다. 과도한 줄임말 사용과 쓸데없이 생성되는 넘쳐나는 줄임말 때문에 같은 영국인임에도 불구하고 소통에 어려움이 생긴다는 것이다. 줄임말이 학계에서 시작되었다는 주장도 있다. 예를 들면, ALIS(A-Level[2] Indicator System), DfE(Department for Education), PSE(Personal and Social Education) 등 너무 많은 줄임말이 사용되면서 영국인조차도 무엇을 의미하는지 모르는 경우가 발생한다. 필자 역시 런던에서 처음 강의 시간표를 보다가 당황했던 경험이 있다. 'B&M'이라는 과목이 있는데, 무슨 과목을 뜻 하는 것인지 몰라 강의 담당 행정 선생님에게 물었던 경험이 있다. 'B&M'은 'Bilingualism and Multilingualism'의 줄임말이다. 필자가 알고 있는 단어임에도 불구하고 줄임말로 되어있으니 모르는 또 다른 용어를 배우는 느낌이었다.

그 외에도 일상생활 속 줄임말은 흔히 등장한다. 영국의 랭귀지 스쿨에서는 영어를 배우러 온 학생들에게 영어 줄임말을 가르친다. 이미 줄임말 사전이 존재하니 줄임말이 얼마나 통용화 되었는지 알 수 있다. 보통 한국에서 영어를 배우는 한국학생들은 실생활에서 쓰이는 살아있는 영어를 배우겠다며 미국 혹은 영국드라마를 보기도 한다. 그런데 영어

2 영국의 대학을 진학하기 위한 시험

자막이 있음에도 불구하고 이해가 되지 않는 단어들이 간혹 보인다. 예를 들면, '참고로'라는 의미의 FYI(For Your Information), '과한 정보'라는 의미의 TMI(Too Much Information), 화제를 바꿀 때 쓰이는 한국어에 '그런데' 정도에 해당하는 BTW(By The Way), '가능한 한 빨리'의 의미를 갖는 ASAP(As Soon As Possible)등이다. 물론 이러한 줄임말은 이미 오랜 기간 동안 사용되면서 현재 이미 상용화되었기에 외국인에게도 익숙한 용어일 수도 있다. 그렇다면 이러한 줄임말 정도는 알아야 원어민처럼 영어를 하는 것일까?

과거 우리가 달달 외웠던 영어 문법책의 표현들이 현재는 쓰이지 않는 경우가 종종 있다. 오래된 관용어구는 조금은 촌스러운 표현처럼 변해버렸기 때문에 어색하게 느껴지기도 한다. 하지만 이러한 관용어구를 썼다고 해서 틀린 영어를 한 것은 아니다. 또한 이러한 영어 표현을 썼다고 해서 영어의 수준이 저평가되어서도 안 될 것이다. 단지 과거의 원어민에 의해 상용되었던 언어적 표현일 뿐이다. 현재 상용되는 표현이나 구문 혹은 줄임말도 먼 미래에는 사용되지 않을 수도 있다는 점을 인식해야 한다. 따라서 언어의 사용 혹은 언어 능력에 대한 평가가 미시적 관점으로 '원어민처럼 잘 한다 혹은 그렇지 않다'로 간단히 판단해서도, 판단되어서도 안 될 것이다.

## 이중 언어 사용

이중 언어와 다중 언어라는 대학원 강의시간의 경험담이다. 여기서 '이중 언어'란 그 정의가 다양한데 두 개의 언어를 모국어처럼 사용하는 것을 뜻하기도 하고, 다중 언어를 내포하는 뜻으로 두 가지 혹은 그 이상의 언어를 모국어처럼 사용하는 것을 의미하기도 한다. 혹자는 국적이 다른 부모에게서 태어나 부모의 언어를 모국어처럼 사용하는 것이라고 정의하기도 한다. 또 다른 학자는 모국어가 아닌 다른 언어를 제2외국어로 배웠으나 그 언어를 모국어처럼 사용할 수 있는 것 또한 이중 언어 사용으로 포함하기도 한다. 이처럼 이중 언어 사용에 대한 평가와 정의는 다양하다.

과연 언어를 모국어처럼 사용한다는 것은 흔히 언어능력시험에서 다루는 듣기, 말하기, 독해, 작문을 고루 잘 해야만 하는 것인가 하는 것이다. 가령, 한국인 아버지와 영국인 어머니 사이에서 태어나 영국에 살고 있는 한 대학생이 있다고 하자. 이 학습자는 영국에서 태어나고 교육을 받았기 때문에 영어는 원어민처럼 사용한다. 아버지의 모국어인 한국어는 가정에서 어릴 때부터 사용해왔기 때문에 한국어를 전공하는 학생보다 말하기 능력은 월등히 높지만 가끔 한국어에 모르는 철자가 있고 작문을 힘들어한다. 또한, 가정에서 수시로 영어와 한국어를 섞어서 사용하기 때문에 영어를 그대로 한국어로 번역한 어색한 영어식 한국어 표현을 쓴다던가, 혹은 영어 어순의 한국어를 구사할 때가 있다. 이처럼 다른 국적을 가진 다문화가정에서 태어난 학습자들 중에 어떤 학습자는 네 가지 영역 중 한 가지 영역은 특출 나지만, 다른 영역의 능력은 성인 학습자(제2외국어로써 그 언어를 학습한 자)보다 못 미치는 경우도 있다. 그렇다면 이들을 이중 언어 사용자라고 정의를 내려도 무방한 것인가 하는 것이 이슈가 된다. 나아가 과연 이 네 영역으로 이중 언어 사용자의 언어 능력을 판단하는 것은 옳은 것인가 하는 것 또한 생각해 볼 문제이다. 물론, 응용언어학자 비비안 쿡(Vivian Cook)의 의견에 따르면 이중 혹은 다중 언어 사용자는 모든 언어를 동일한 수준으로 사용할 수 없고, 성인이 되어 습득한 제2외국어를 모국어처럼 사용할 수 있다는 것은 극히 드문 경우라고 하였다.

이 강의를 수강하는 중국 학생들은 중국어－영어 이중 언어 사용에 대한 연구를 한다. 중국에서 영어교육 전공을 마치고 온 이 중국 학생들은 중국 어학 혹은 문법에 대한 이론적 이해가 미비한 경우가 있는데 어쩌면 크게 놀랄 일도 아니다. 중국인이라고 모두 중국어 문법을 잘 알 수는 없는 것이다. 한국인이라고 한국어 문법을 완벽히 숙지하고 다른 이를 충분히 이해시킬 수 있는 사람이 몇이나 될까. 필자는 이 친구들에게 필자의 전공을 살려 중국어 문법에 대한 도움을 주고 있다. 이중 언어에 대한 연구를 하기에 앞서, 연구 대상이 되는 언어들의 기본적인 문법적 틀과 규칙은 알고 있어야 그 연구가 수월해지기 때문이다. 중국어는 그들에게 모국어이니 필자가 1을 언급하면 2·3을 습득하여 진도가 빨랐고, 그들의 질문이 필자에게 도전이 되는 경우도 있어 굉장히 뜻깊은 경험이었다. 가르친다기 보다 그들은 모국어이기에 당연하게 여겨왔던 문법현상을 정리해주는 역할을 할 수 있다. 학생들은 대부분 중국어와 영어의 문법구조를 비교하는 방법으로 습득을 한다. 영국의 대학 혹은 대학원을 진학한 학생들 대부분이 영어 문법에 대한 이해도는 높으니 비교를 통해 더 쉽게 두 언어의 체계를 이해를 한다. 이는 이중 언어 사용자들에게 흔히 나타나는 현상인 한 문장에 두 언어를 섞어 사용하는 코드스위칭(codeswitching)을 좀 더 체계적으로 이해하기 위한 노력이다. 한국어－영어 코드스위칭의 예를 들면, '저 친구는 참 큐트(cute)하다.

오늘 컴(come)하라고 했더니 얼리 인 더 모닝(early in the morning)에 왔어'정도가 될 수 있을 것이다. 문법 비교를 통해 이중 언어 사용을 연구하던 학생들은 난관에 봉착한다. 그 이유는 코드스위칭이라는 것이 규칙적이지 않다는 점이다. 즉, 위의 예처럼 영어의 문법도 한국어의 문법도 아닌 경우도 많다. 이러한 언어적 혼돈의 이중 언어 사용에 대해 어떻게 연구를 해야 옳은 것일까 고민에 빠진다.

영국과 미국등지의 다문화 가정이 익숙한 나라에서는 이중 혹은 다중언어 사용에 대한 연구의 역사가 오래되어 왔다. 그리고 다문화 가정의 역사가 오래된 만큼 서로의 문화를 인정하였기에 이중 언어 사용자에 대한 연구가 등한시되기보다 주목을 받아오지 않았을까 생각이 든다. 단일 언어 사용자(monolingual)가 대부분인 우리나라도 점점 다문화 가정이 늘고 있는 추세이다. 앞으로 우리나라에서도 다문화 가정에서 자라고 있는 학습자들 즉 이중 언어 사용자들에 대한 연구가 더욱 더 활발해지지 않을까 기대해 본다.

## 상념들

1. 어떻게 학교가 아이들의 꿈과 희망, 그리고 생각하는 힘을 죽이는가? 문서수준에서 학교 교육과정의 자율성은 보장되어 있으나 그 자율성에 전문성이 결여된 모습, 그리고 그 결과 자율성이 결여된 채 교육의 본질을 잊어가고 있는 학교, 학생들에게서 배움의 즐거움과 기쁨을 찾아보기 힘든 학교, 자아존중감을 상실하게 만들고 자신감과 창의성 등의 신장이 문서상에서만 존재하는 학교, 이러한 학교의 불완전한 모습에 두려움을 느낄 수밖에 없는 지금의 현실이 안타깝다.

2. 내가 하고 있는 일이 얼마나 중요한 일인지를 알게 되는 순간 두려움을 느끼고, 중요함도 제대로 하지 못하고 있음에 또 다른 두려움을 느끼고, 단순히 두려움에 몸을 떠는 것에 그치는 것이 아니라 나와 주변의 더 나은 변화를 위한 준비를 계획하고 실행하는 과정에서 이러한 두려움이 즐거움으로 바뀔 수 있게 되기를 기대하는 것, 이것이 교사가, 가르치는 사람이 기본적으로 갖추어야 할 마음의 미덕이자 책무이다.

3. 연수나 강의를 위해 학교를 방문할 때마다 겁먹지 않고 학교를 방문하는 것은 쉽지 않다. 학교에 몸담고 있으면서 나도 같은 부류임에도 불구하고 내가 가지고 있는 학교에 대한 부정적 인식은 쉽게 지울 수 없기 때문이다. Lillian Smith가 학교를 '꿈의 살인자'라고 표현한 이유, 그 이유를 들여다보지 않더라도 조금만 우리 스스로를 되돌아보면 어느 정도 공감되는 부분이 있기에 나의 부정적 인식도 잘 바뀌지 않는 듯하다.

4. 그래서 교육 안에서의 변화(어떤 이들은 개혁)가 필요했고 이러한 변화의 움직임은 항상적으로 있어 왔고 근래 들어 더욱 활발하게 이루어지고 있다. 특히 교육과정에 대한 관심과 변화의 움직임은 극적이기까지 하다. 요즘처럼 교육과정에 대한 논의와 관심이 많았던 적이 없었다. 고무적인 일이다.

# 부록

## 교육 단상 3

- 김은영 -

### '행복한 교실'을 꿈꾸며

수업이 변한다는 것은 개별교사들의 노력만으로는 충분하지 못합니다. 수업의 변화를 위해서는 학교 전체의 변화를 모색하고, 교사 개인의 역량을 넘어선 학교 '시스템'을 만드는 일이 중요합니다. 더불어 학교에서 가르치는 일에 열정을 쏟을 수 있도록 환경을 만들어 학습공동체를 구축하는 일 역시 중요합니다. 이를 위해 기존의 행정중심 학교조직을 교수－학습 중심의 학습조직으로 바꾸는 방법을 모색하고 이를 실천해 보았습니다. 그 결과 '학습조직'이면서 '연수기관'의 성격으로 바뀐 교사들의 모임은 교무회의와 같은 학교행정 중심 모형이 아니라, 수업연구, 독서모임, 전체 교직원모임과 같은 교육과정 중심모형으로 전환하며 전문학습공동체로서의 면모를 갖추기 시작하였습니다. 학교전체가 교육과정 운영을 위해 동료들과 협력적 교육활동을 확대해나가면서 행복한 교실을 만드는 일에 힘을 쏟습니다.

이러한 일련의 과정과 함께 우리가 고민해야 할 것은 교육과정 재구성입니다. 교사들이 교육과정 재구성을 머뭇거린다면 그것은 시간적 제약에 대한 고민이 핵심적인 문제라기보다는, 경직된 학교 및 수업 문화, 그리고 교육과정 편성 및 운영의 획일성 문제라고 봐도 좋을 것입니다. 교사들이 주체적으로 교육과정을 재구성한다면 시간적 제약은 다른 제약들에 비해 큰 문제가 되지 않습니다. 우리 아이들이 교육과정 재구성을 통해, 학생중심의 학교 시스템을 통해 행복해 질 수 있다면 힘들지만 개인의 시간적 제약은 충분히 감내할 수 있기 때문입니다.

행복한 교실, 행복한 교사에서의 행복은 철저히 주관적 감정입니다. 그러나 그 감정은 나와 내 주변을 둘러싼 관계와 환경을 통해서 만들어집니다. 우리아이들의 행복한 교실을 위해 교사가 그리고 내가 만들어야 할 관계와 환경에 대해서 교사로서 깊이있는 성찰, 그리고 변화를 꿈꾸어 봅니다.

## 행복한 교실이야기를 나누어보세요

각각의 경험과 사례들은 또 다른 경험으로 파생되어 계속 진화합니다. 경험을 나누는 이유는 다양하지만 가장 큰 이유가있다면 하나의 사례가 하나의 씨앗이 되어 다른 이야기들을 만들어 낼 수 있다는 기대감 때문이겠죠. 저는 '행복한 교실'의 이야기들이 끊임없이 다른 목소리로 전해지면 좋겠습니다. 저는 교사들이 경험을 나누고, 사례를 기록하고, 새로움을 시도하는 노력들을 통해 또 다른 특별함을 가진 소식들이 들려오길 기대합니다. 놀이로 행복한 학교, 협력을 중심에 둔 운동회, 계절의 변화를 지나치지 않는 교육과정, 구성원의 작은 목소리에도 귀 기울이는 학교, 재미있는 학교, 선생님도 학생도 다니고 싶은 학교, 즐거운 추억들이 방울방울 떠오르는 그런 학교를 말입니다.

만약 이와 같은 이야기들이 들려온다면 그건 특별함이 아니라 이미 평범함이 되었을 것입니다. 그 평범함은 학교 구성원 각자가 자율성과 의사결정 권한을 보장받으며, 학교비전을 달성하기 위해 유기적으로 협력하는 다양한 경험에 숨어있을 것이며, 공적기준이 의사결정 준거가 되어 토론에 적극적으로 참여하고, 합리적 절차에 의한 결정을 존중하고, 동료들과는 호혜적 협력관계를 맺기에 가능한 일일 것입니다. 그래서 저는 이런 수준에서 누리는 '행복감'에서 근원된 다양한 학교 소식이 많이 전해지면 좋겠습니다. 제가 근무하고 있는 학교의 모습처럼요.

# 참고문헌


강현석(2005). Bruner의 Folk Pedagogy가 교육과정 설계에 주는 시사점 탐구. 교육과정연구. 23(4). 한국교육과정학회, 59－90.

강현석(2004). 지식 구조론의 재구성을 통한 교육과정 설계 원리의 구성. **교육과정연구. 22(2)**. 한국교육과정학회, 55－85.

고진경(2005). 학습자 선수지식 차이에 따른 개인 지식 창출과정의 분석. **교육발전 연구. 21(1)**. 경희대학교 교육문제 연구소, 125－153.

곽병선(1986). **교육과정**. 서울: 배영사

곽병선·김재복(1989). **교육과정 운영론**. 서울: 배영사

교육부(1993). **한국의 교육과정**. 서울: 교육부.

교육부(1997). **초·중등학교 교육과정: 국민공통기본교육과정**. 서울: 교육부.

교육부(2002). **제 7차 교육과정 실행 실태 조사 결과**. 서울: 교육부.

권낙원(1986). 교사의 인지발달과 교사교육. **교원교육. 2(1)**. 한국교원대학교, 95－104.

권낙원(1992). 학교에서의 교육과정의 질적 관리. **학교경영. 5(11)**. 26－29.

권낙원·추광재(2005). 초등학교 교사의 수업모형 적용 실태 분석. **학습자중심교과교육연구.9.**학습자중심교과교육학회, 329－347.

권낙원·추광재(2006). 교육과정 실행 수준 결정 요인 탐색. **교육과정 연구. 24(3)**. 한국교육과정 학회. 87－106

권정국(2006). **제7차 체육 교육과정에 대한 교사의 관심도 및 실행 수준 연구**. 공주대학교 대학원 박사학위논문.

김두정(1996). 교육과정 운영. **교육과정연구. 14(1)**. 한국교육과정 학회, 106－125.

김민환·김동엽(1998). 교육과정 시행에 관한 연구 경향 고찰. **상지대학교 논문집.**

19. 상지대학교. 223 – 244.

김민환(1999). 교사의 교육과정 인식과 실천에 관한 연구. **교육과정연구. 17(1).** 한국교육과정 학회, 219 – 247

김이천(2005). **초등학교 재량활동에 대한 교사의 관심도와 실행 분석.** 경남대학교 대학원 박사학위논문.

김자영(2002). **초등 교사의 수업 속에 나타난 실천적 지식에 대한 이해.** 이화여자대학교 대학원 박사학위 논문.

김재복 외(19996). **현행 교육과정의 분석·평가 연구: 6차 교육과정을 중심으로.** 서울: 교육과정 개정 연구위원회

김정원(1997). **초등학교 수업에 관한 참여관찰 연구.** 서울대학교 대학원 박사학위논문.

김종건(1992). 교육과정에 대한 미신. **수도교육.** 127. 11 – 20.

김종건(1997). 지식과 지성. 김종건(편), **자유교육연구.** 1 – 7. 청주: 협신사.

김종건(2002). **교육과정학 입문.** 미간행교재.

김태완(1999). **지식 기반 사회와 교육.** 서울: 교육부.

김평국(2004). 초등학교 교사들의 교과 내용 재구성 실태와 그 활성화 방안. **교육과정연구. 22(2).** 한국교육과정학회. 135 – 161.

민 윤(2003). **사회과 역사수업에서 초등교사의 교수내용지식에 대한 이해.** 한국교원대학교 대학원 박사학위논문.

박도순·홍후조(2006). **교육과정과 교육평가.** 서울: 문음사.

박윤경(2003). **교육과정 변화기 사회과 교사의 교육과정 실행에 대한 사례 연구: 변화 지향적인 교사의 교실 수업 변화에 대한 이해.** 서울대학교 대학원 박사학위논문.

성열관(2006). 교육과정 실행 연구의 성장과 주요 특징에 대한 이론적 고찰. **교육과정연구. 24(2).** 한국교육과정학회. 87 – 109.

소경희(2003). 국가수준에서 개발된 교육과정의 실행 양상에 대한 이해: 초등학교 국어과 사례를 중심으로. **교육과정연구. 21(1).** 129 – 153.

양은주, 조경원, 임현식(2001). 지식기반사회 학교교육과정의 인식론적 대안 탐색: Polanyi의 지식이론을 중심으로. **교육과정연구. 19(1).** 한국교육과정학회. 363 – 386.

원효헌, 김귀순(2005). 제7차 교육과정 실행에 관한 교사의 인식 분석. **수산해양교육연구, 17(2)**, 한국수산해양교육학회. 260-269.

윤병희(1997). 교육과정학의 정립 가능성 탐색을 위한 서론. **교육학연구. 35(1)**. 한국교육학회. 161-183.

이경진, 김경자(2005). '실행'을 중심으로 본 교육과정의 의미와 교사의 역할. **교육과정연구. 23(3)**. 한국교육과정학회. 57-80.

이경진(2006). **교육과정 실행에 나타난 교육과정 변화의 내용과 요인에 대한 연구: '창의성 증진을 위한 초등 수학 교육과정'을 중심으로**. 이화여자대학교 대학원 박사학위논문.

이미숙(2002). 학교 교육과정의 교육내용 선정시 고려되어야 할 지식의 성격. **교육과학연구. 33(1)**. 이화여자대학교 교육과학연구소. 23-38.

이용운(2005). **교사의 교육과정 관심수준에 기초한 지원 처방 효과 연구 : 창의적 재량활동 개발 사례를 중심으로**. 고려대학교 대학원 박사학위논문.

이용학(1995). 수업에 관한 다른 시각. **교육개발. 96**. 한국교육개발원, 91-96.

이혁규(1996). **중학교 사회과 교실 수업에 대한 일상 생활 기술적 사례 연구**. 서울대학교 대학원 박사학위논문.

장상호(2000). **학문과 교육(상)**. 서울: 서울대학교 출판부.

장원조(2005). 교육과정 실행과 교사. **교육연수논총. (10)**. 대구광역시교육연수원. 47-57.

정금현(2004). 교사의 지식획득 과정에 대한 질적 사례 연구. **한국교육. 31(1)**. 한국교육개발원, 93-115.

정혜승(2002). **국어과 교육과정 실행 요인의 작용 양상에 관한 연구: 제6,7차 중학교 교육과정을 중심으로**. 고려대학교 대학원 박사학위논문.

정희섭(2004). **통합교육 장면에서의 교육과정 실행 방략**. 대구대학교 대학원 박사학위논문.

조덕주(2003). 교육과정 운영 지원을 위한 기초로서의 교사의 개인적 관심과 개인적 지식 탐구. **교육과정연구. 21(4)**. 한국교육과정학회. 51-76.

조성민(2006). **교육과정 실행의 관점에서 본 수학교사 지식과 수업의 관련성 연구: 고등학교 함수내용을 중심으로**. 이화여자대학교 대학원 박사학위논문.

최상근(1992). **한국 초·중등 교사의 교직사회화 과정 연구**. 한국교원대학교 박사학위 논문.

최윤선(2002). **수업의 일상적 구조와 교사의 수업변환 관계 연구**. 동국대학교 대학원 박사학위 논문.

추광재(2007). 교육과정에 관한 교사의 관심·인식·실행 결정요인 분석. 한국교원대학교 박사학위 논문.

추광재 외(2006). 교육과정 실행수준 결정 요인 탐색. **교육과정연구, 24(3)**, 한국교육과정학회

추광재(2004). 수업전문성 향상을 위한 교사평가 준거의 이론적 탐색. **학습자중심교과교육** 8. 학습자중심교과교육학회

추광재(2006). 교육과정영역으로서의 수업평가. 경희대교육발전연구소.

추광재(2006). 교사의 교육과정 인지수준 결정요인 탐색. **교육과정학연구** 7. 한국교원대학교교육과정연구소.

추광재(2008). 교사의 전문성, 수업전문성 그리고 도덕성. 교육정책포럼. 한국교육개발원

함수곤(1993). 교육과정의 이론적 기저－교육과정 정책의 변화 : 교육과정 편성 운영 지침 작성 요령. **교육과정 연수자료** 3. 교육부. 1－25.

홍은숙(1999). **지식과 교육**. 서울: 교육과학사.

홍후조(1999a). **초등학교 교육과정 실행 방안 연구**. 한국교육과정평가원.

홍후조(1999b). 국가수준 교육과정 개발 패러다임의 전환 : 전면 개정형에서 점진 개정형으로. **교육과정 연구. 17(2)**. 209－234.

홍후조(2002). **교육과정의 이해와 개발**. 서울: 문음사.

허경철, 조덕주, 소경희(2001). 지식 생성 교육을 위한 지식의 성격 분석. **교육과정연구. 19(1)**. 한국교육과정학회. 231－250.

Anderson, S. E. (1997). Understanding teacher change: Revisiting the concerns based adoption model. Curriculum Inquiry, 27(3). 331－367.

Anderson, L. W., & Krathwohl, D. R. (2001). *A taxonomy for learning, teaching, and assessing: A revision of Bloom's taxonomy of educational objectives*. New York: David Mckay.

Arends, R. I. (2004). *Learning to teach*(6th ed.). Boston: McGrawHill.

Barnes, D. (1992). The significance of teachers' frames for teaching. In T. Russell and H. Munby(Eds.). *Teachers and teaching.* London: The Falmer Press.

Blenkin, G. M., & Kelly, A. V. (1981). *The primary curriculum.* London : Harper & Row, Publishers.

Bloom, B. S. (1956). Taxonomy of educational objectives. In M. D. Engelhart., E. J. Furst., W. H. Hill., & D. R. Krathwohl(Eds.). *Handbook Ⅰ: Cognitive domain.* New York: David Mckay.

Borko, H. & Livingston, C. (1989). Cognition and improvisation: Differences in mathematics instruction by expert and novice teachers. *American Educational Research Journal,* 26. 473–498.

Borko, H., Bellamy, M. L., & Sanders, C. (1992). A cognitive analysis of patterns in science instruction by expert and novice teachers. In T. Russell & H. Munby(Eds.). *Teacher and teaching.* London: The Falmer Press.

Borko, H., & Patnam, R. (1996). Learning to teach. In R. C. Calfee & D. Berlier(Eds.). *Handbook of educational psychology.* NY : Macmillan.

Bronfenbrenner, T. (1998). *Life cycle of the career teacher.* CA: Corwin Press.

Brown, B. B (1969). Congruity of student teachers beliefs and practices with Dewey's philosophy. *Educational Forum, 33*(2), 163–168.

Brrow, R. (1984). *Giving teaching back to teachers: A critical introduction to curriculum theory.* NJ: Barnes & Noble.

Burden, P. R. (1980). T*eachers perceptions of characteristics and influen–ces on their personal and professional development* (ERIC Service No. 198 087).

Burke, P. J., Chirstensen, J. C., & Fessler, R. (1984). *Teacher career stage: Implications for staff development.* Bloomington, IN: Phi Delta Kappa Educational Foundation.

Caldehead, E. (1987). A cognitive analysis of patterns in science in–struction by expert and novice teachers. In T. Russell and H. Munby (Eds.). *Teacher and teaching.* London: The Falmer Press.

Carter, K. (1990). Teacher's knowledge and learning to teacher. In M. Haberman, W. R. Houston, & J. P. Sikula (Eds.). *Handbook of research on teacher education.* NY : Macmillan.

Clandinin, D. J. (1985). Personal practical knowledge: A study of teachers' classroom images. *Curriculum Inquiry, 15*(4). 361–385.

Clandinin, D. J., & Connelly, F. M. (1987). Teachers' personal knowledge: What count as 'personal' in studies of the personal. *Journal of Curriculum Studies,* 19(6). 487–500.

Colton, A. B., & Sparks–Langer, G. M. (1993). A conceptual framework to guide the development of teacher reflection and decision making. *Journal of Teacher Education,* 44(1). 45–54.

Connelly, F. M., & Clandinin, D. J (2000). Narrative understanding of teacher knowledge. *Journal of Curriculum and Supervision.* 15(4). 315–331.

Cornett, J. W. (1987). *Teacher personal practical theories and their influ–ence upon teacher curricular and instructional actions: A case study of secondary social studies teacher.* Doctoral dissertation, University of Ohio state.

Dobson, R. L., & Dobson, J. E. (1983). Teacher beliefs–practice congruency. *Viewpoints in Teaching and Learning,* 59(1). 20–27.

Doyle, S. (1992). Developmental stages of preschool teachers. *Elementary School Journal,* 73. 50–54.

Elbaz, F. (1981). The teacher's practical knowledge: Report of a case study. *Curriculum Inquiry,* 11(1). 43–70.

Feiman–Nesmer, S., & Floden, R. E. (1986). The cultures of teaching. In M. C. Wittrock(Ed.). *Handbook of research on teaching*(3rd ed.). NY: MacMillan.

Fennema, E., & Franke, M. L. (1992). Teachers' knowledge and its impact. In D. A. Grouws(Ed.). *Handbook of research on mathmatics teaching and learning.* NY: MacMillan.

Fullan, M., & Promfret, A. (1977). Research on curriculum and instruction implementation. *Review of Educational Research. 47(1).* 335－397.

Fullan, M. (1982). *The meaning of educational change.* New York: Teachers College Press.

Fullan, M. (1991). *The new meaning of educational charge.* NY : Teachers College Press.

Fuller, F. F. (1969). Concerns of teachers: A developmental conceptualization. *American Educational Research Journal, 6*(2). 207－226.

Fuller, F. F., & Bown, O. H. (1975). Becoming a Teacher. In Kevin Ryan (Ed.). *Teacher education.* Chicago: University of Chicago Press.

Gadamer, H－G. (1975). *Truth and method. NY: Crossroad.*

*Gould, R. L. (1978). Transformation: Growth in schools.* MA: Allyn and Bacon.

Green, T. F. (1971). The activities of teaching. NY: McGraw Hill.

Gersten, S., & Carnine, H. (1981). *Curriculum: instruction and assesment.* NJ: Barnes & Noble.

Gross, N., Giacquinta, J. B., & Bernstein, M. (1971). *Implementing organ－izational innovations:* A *sociological analysis of planned educational change.* NY: Basic Books.

Grossman, P. L., & Stodolsky, S. S. (1995). The Impact of subject matter on curricular activity: An analysis of five academic subjects. *American Educational Research Journal,* 32(2). 227－249.

Hall, G. E., & Loucks, S. F. (1977). A developmental model for determin－ing whether the trement is actually implemented. *American Educational Research Journal,* 14(3). 263－276.

Hall, G. E.(1978). Facilitating instructional change using the individual as the frame of reference. In J. K. Grosenick & M. C. Reynolds(Eds.). Teacher education: *Renegotiating roles formainstreaming.* NSSP. Mineapolis, MN.

Hall, G. E., George, A. A. & Rutherford, W. L. (1979). *Measuring stage of concern about the innovation: A manual for the use of the SoC questionnaire.* Austin, TX: Research and Development Center for Teacher

Education. University of Texas at Austin.

Hall, G. E., & Hord S. M. (1987). *Change in schools : Facilitating the process.* Albany : States University of New York Press.

Hall, G. E., & Hord S. M. (2001). *Implementing change : Patterns princi-ples and potheles.* Boston : Allyn and Bacon.

Hargreaves, A. (1996). Transforming knowledge: Blurring the boundaries between research, policy, and practice. *Educational Evaluation and Policy Analysis,* 18(2). 105-122.

Harrison, R. S. (1987). *Transformation: Growth in schools.* MA: Allyn and Bacon.

Hord, S. M., Rutherford, W. L., Austin, L. H. & Hall, G. E. (1987). *Taking charge of change,* Alexandria. VA: Association for Supervision and Curriculum Development. 김경자(역)(1993). **교육과정 혁신**. 서울: 교육과학사.

Hosford, P. L. (1973). *An instructional theory: A beginning.* Englewood Cliffs. New Jersey: Prentice Hall.

Hoyle, E. (1972). *The role of the teacher.* London : RKP.

Hoyle, E. (1995). *Teachers perceptions of characteristics and influences on their personal and professional development.* (ERIC Service No. 198 087).

Huchings, P. (2000). A cognitive analysis of patterns in science instruction by expert and novice teachers. In T. Russell and H. Munby(Eds.). *Teacher and teaching.* London: The Falmer Press.

Husu, J. (2002). Expertise in mathematics teaching. *Educational Leadership,* 43. 28-33.

Johnson, M. (1984). Review of teacher thinking: A study of practical knowledge by Freema Elbaz. *Curriculum Inquiry, 14*(4). 465-468.

Katz, L. G. (1972). Developmental stages of preschool teachers. *Elementary School Journal,* 73, 50-54.

Kimpston, R. D. (1987). Learning the language of practice. *Curriculum Inquiry, 17*(3). 293-318.

Leinhardt, G., & Smith, D. A. (1985). Expertise in mathmatices instruction:

Subject matter knowledge. *Journal of educational psychology, 77*(3). 247–271.

Loucks. S. F. & Hall. G. E. (1981). *Investigation program implementation: A field perspective research on concerns–based adoption.* Austin. TX: The Texas Univ of Texas at Austin. R & D center for Teacher Education. (ERIC Document ED 226 453).

McNeil. J. D. (2003). *Curriculum : The teacher's initiative.* New Jersey: Merrill Prentice Hall.

Marland, P. W. (1985). Implcit theories of teaching. In L. W. Anderson (Ed.), *International encyclopedia of teaching and teacher education*(2nd ed.). Elserier sience Ltd.

Marsh, C. J. & Willis, G. (1999). *Curriculum: Alternative approaches, on–going issues*(2nd ed.). London: Prentice–Hall.

Moore, K. (1984). Implication of psychological research on student learn–ing and college teaching for teacher education, In R. Houston(Ed.). *Handbook of research of teacher education.* NY: MacMillan.

Moore, S., Wideman, M. D., Dilling, H. J. (1984). *Curriculum im–plementation: A survey of teachers' level of use: The program and the six year old" and "Social and environmental studies(grades 5–6).* (ERIC Service No. 291 612).

Oakeshott, M. (1967). Learning and Teaching, In R. S. Peters(Ed.). *The concept of education.* London: RKP.

OECD. (2001). *Knowledge management in the learning society.* Paris: OECD

Ornstein, A. C., & Hunkins, F. P.(1988). *Curriculum : Foundation, princi–ples, and issues.* NY : Prentice Hall.

Pajares, M. F. (1992). Teacher's Beliefs and Educational Research: Cleaning up a Messy construct. *Review of education research, 62*(3). 307–332.

Pakay, E. & Stanford, M. (1995). Teacher Expertise. In Lorin W. Anderson (Ed.). *International encyclopedia of teaching and teacher education*(2nd ed.). PERGAMON.

Parsons, C. (1987). *The Curriculum change game.* London: Falmer Press.

Pellergrin, D. (1973). *Truth and method.* NY: Crossroad.

Pintrich, P. R. (1990). Implication of psychological research on student learning and college teaching for teacher education, In R. Houston(Ed.). *Handbook of research of teacher education.* NY: MacMillan.

Polanyi. M. (1958). *Personal knowledge: Towards a post-critical philosophy.* London: RKP.

Rovegno, F. (1995). *Developmental supervision : Alternative approaches for helping teachers to improve instruction.* Virginia :Association for Supervision and Curriculum Development.

Rutherford, W. L. (1977). *An investigation of how teacher's concens. in-fluence innovation adoption. Procedures for adopting educational in-novation project.* Austin. TX: The Texas Univ of Texas at Austin. R&D Center for Teacher Education (ERIC Document ED 251 426).

Sanders, P. P., & McCutcheon, G. (1986). The development of practical theories of teaching. *Journal of Curriculum and Supervision,* 2(1). 50-67.

Scheffler, I. (1965). *Condition of knowledge.* Chicago: The University of Chicago Press.

Schubert, W, H. (1986). *Curriculum: Perspectives, paradigm, and possibility.* New York: MacMillan.

Schwab, J. (1978). *Science, curriculum, and liberal education.* Chicago: The University of Chicago Press.

Schon, D. A. (1983). *The reflection practitioner.* New York: Basic Books.

Shulman, L, S. (1986). Those who understand: Knowledge growth in teaching. *Educational Researcher,* 15(2). 4-14.

Shulman, L. S. (1987). Knowledge and teaching: Foundations of the new reform. *Havard Educational Review, 57,* 1-22.

Smith, D. G. (1993). Henneneutic Inquiry. In E. C. short(Ed.). *Forms of curriculum inquiry*. Albany : SUNY Press.

Stefty, B., Wolfe, M., Pasch, M., & Enz, B. (2000). *Life cycle of the career teacher*. CA: Corwin Press.

Steller, R. (1982). *Curriculum: Technology applications*. London: Falmer Press.

Texas Educational Agency. (1995). Developing social studies curriculum based on TEKS. Austin. TX: The Texas Univ of Texas at Austin.

Thelen, H. A. (1981). *The classroom society: The construction of educa–tional experience*. London: Croom Helm.

Wood, R.S. & Bennett, D. (2000). Teachers' knowledge and how it develops. In V. Richardson(Ed.), *Handbook of research on teaching*(4th ed.). Washington, D.C.: American Education Research Association.

Yinger, R. J. (1987). Learning the language of practice. *Curriculum Inquiry*, 17(3). 293–318.

Zais, M. (1976). The research basis for performance–based teacher education. *Review of Educational Research*, 44(4). 463–484.

# 찾아보기

### ㅇ



### ㅈ



### ㅊ



### ㅌ

## D



## E



## F



## G



## H



## I



## J

## T



## V



## W



## Y



## Z



## 기타

## 저자소개


### 추광재

Ph.D 한국교원대학교 교육과정 전공
한국교원대학교 및 대학원 강사, 상지대학교 및 대학원 겸임교수

**저서 및 논문**
교육과정론, 교육과정의 이해, 수업방법의 이론과 실제 외

### 최민지

상해사범대학교 언어학 및 응용언어학 박사 졸업
University College London, Institute of Education 근무
가톨릭관동대학교 중국문화관광학과 초빙교수

**저서 및 논문**
현대 중국어 단음절 중첩, 이중 언어 사용자의 언어특성에 따른 언어학습 방법 고찰 외

### 김은영

춘천교육대학교
강원대학교 대학원(교육학박사)
서원초등학교 교사
강원대학교 교육대학원 강사

**저서 및 논문**
교육의 학습연구년 특별연수 참여 경험과 학교 복귀후 변화에 관한 질적 연구 외

# 교사, 교육과정 중심에 서다-선생님이 꼭 읽어보아야 할 교육과정 이야기

초판발행 2018년 10월 31일

지은이 추광재·최민지·김은영
펴낸이 노 현

편 집 조혜인
기획/마케팅 임재무
표지디자인 조아라
제 작 고철민·조영환

펴낸곳 ㈜ 피와이메이트
서울특별시 금천구 가산디지털2로 53 한라시그마밸리 210호(가산동)
등록 2014. 2. 12. 제2018-000080호
전 화 02)733-6771
f a x 02)736-4818
e-mail pys@pybook.co.kr
homepage www.pybook.co.kr
ISBN 979-11-89005-33-7 03370



정 가 15,000원

박영스토리는 박영사와 함께하는 브랜드입니다.